本书为国家自然科学基金青年项目（72003205）、广东省社科规划一般项目（GD22CYJ12）、教育部人文社会科学研究青年基金项目（20YJC790142）、北京师范大学引进人才科研启动专项经费（310432102）的阶段性研究成果。

资产泡沫的驱动因素及宏观经济效应研究

王升泉 著

中国财经出版传媒集团
中国财政经济出版社

图书在版编目（CIP）数据

资产泡沫的驱动因素及宏观经济效应研究 / 王升泉著．--北京：中国财政经济出版社，2023.5

ISBN 978-7-5223-2069-4

Ⅰ．①资…　Ⅱ．①王…　Ⅲ．①资本市场-研究-中国　Ⅳ．①F832.51

中国国家版本馆 CIP 数据核字（2023）第 045905 号

责任编辑：温彦君　　　　责任校对：张　凡
封面设计：智点创意　　　　责任印制：党　辉

资产泡沫的驱动因素及宏观经济效应研究
ZICHAN PAOMO DE QUDONG YINSU JI HONGGUAN JINGJI XIAOYING YANJIU

中国财政经济出版社 出版

URL：http：//www.cfeph.cn
E-mail：cfeph@cfeph.cn

社址：北京市海淀区阜成路甲 28 号　邮政编码：100142
营销中心电话：010-88191522
天猫网店：中国财政经济出版社旗舰店
网址：https：//zgczjjcbs.tmall.com
北京财经印刷厂印刷　各地新华书店经销
成品尺寸：170mm×240mm　16 开　10.25 印张　125 000 字
2023 年 5 月第 1 版　2023 年 5 月北京第 1 次印刷
定价：48.00 元
ISBN 978-7-5223-2069-4
（图书出现印装问题，本社负责调换，电话：010-88190548）
本社质量投诉电话：010-88190744
打击盗版举报热线：010-88191661　QQ：2242791300

前言

Preface

2008年全球金融危机以来，包括中国在内的诸多国家开始意识到资产价格剧烈波动对宏观经济产生的影响，此次危机发源于房地产市场，蔓延至金融市场，最终累及实体经济。1978年至2018年，改革开放已走过四十多年，在这四十多年里，中国经济实现了快速增长，“中国速度”是对此的真实写照。尽管近年来受国内外经济环境的不利影响，我国经济增速放缓，进入结构性调整的“新常态”阶段，但7%左右的经济增速仍惹人瞩目。与此同时，资产价格异常波动、系统性金融风险显著上升、实体经济进一步下滑等构成了中国经济的另一面。自2016年下半年开始，中国政府陆续明确提出防范与化解“资产泡沫”风险，2016年7月26日，中央政治局会议首次提及“抑制资产泡沫”，并将其视作降成本的重要任务之一；2016年8月5日，中国人民银行发布的第二季度货币政策执行报告中首提“抑制资产泡沫，降低宏观税负”；2016年10月28日，中央政治局会议则直接将“注重抑制资产泡沫”放在了“货币政策”部分表述。2008年金融危机的经验表明，资产泡沫是触发系统性金融风险的重要来源。2017年7月14—15日，全国金融工作会议上，习近平指出，防止发生系统性金融风险是金融工作的永恒主题。2017年10月，党的十九大指出，健全金融监管体系，守住不发生系统性金融风险的底线。2022年10月，党的二十大继续强调，守住不发生系统性风险底线。

为实现经济稳增长、防范系统性风险，需要有应对资产泡沫的系统措施，包括资产泡沫预警体系的建立以及泡沫的有效管理，其中，资产泡沫预警体系的建立基础是对泡沫驱动因素的明确认识，而泡沫有效管理的基础是对资产泡沫宏观经济效应的明确认识。

在以上国内外背景下，从学术研究角度科学探讨资产泡沫的驱动因素及产生的宏观经济效应就显得尤为重要，本书便对此问题进行了深入研究，拟对该问题提出解决方案。本书采用理论与实证研究相结合的方法，以资产泡沫为研究对象，立足于中国实际经济背景，识别资产泡沫的稳健驱动因素以及资产泡沫的金融稳定效应、经济增长效应和经济波动效应。本研究在理论上弥补了现有研究的不足，实践上对指导政府部门政策制定及投资者投资决策具有重要意义。

具体来看，本书包括四个核心章节。第 3 章以 20 个代表性国家的股权市场为例，综合理性资产泡沫理论提出的多个泡沫驱动因素，在梳理泡沫驱动机制的基础上，实证考察资产泡沫的稳健驱动因素。本章采用 Phillips et al.（2015）提出的 GSADF 方法对股权泡沫进行识别。另外，还考察了不同强度的股权泡沫驱动因素的异质性，进一步在稳健性检验中考虑了制度因素、模型不确定、内生性等问题。第 4 章研究资产泡沫对银行业稳定性的影响，首先，创新性地构建了银行持有泡沫资产的理论模型，并在此基础上梳理了泡沫资产持有对银行业稳定性造成影响的可能机制。其次，本章使用新近发展的贝叶斯模型平均面板 VAR（BMA - PAVR）模型和 26 个代表性国家数据对以上理论分析进行实证检验。最后，本章还将分析延伸至银行业稳定对经济增长造成的影响。第 5 章研究了资产泡沫通过技术创新渠道对经济增长产生影响，首先，构建了资产泡沫对企业技术创新产生影响的理论模型，结合既有的技术创新与经济增长关系的文献，疏通了资产泡沫通过技术创新作用于经济增长的路径，使用基于遗忘因子估计的参数和波动率时变的 VAR（FF - TVP - SV - VAR）和阈 VAR（TVAR）模型，对理论分析的结论展开实证研究。第 6

章研究了资产泡沫的经济波动效应，通过构建符合我国经济基本特征的动态随机一般均衡（DSGE）模型，分析资产泡沫冲击对经济波动的贡献及资产泡沫发生对其他宏观变量带来的脉冲影响。

基于以上系统研究，本书提出具体的政策建议，包括建立资产泡沫的有效预警体系、健全货币政策与宏观审慎政策相结合的双支柱泡沫管理政策、设计银行和保险业相联合的监管制度、搭建技术创新引导平台和创建有效的投资者情绪管理机制等。

目录

Contents

第1章　绪言

1.1　研究背景

回顾改革开放四十年（1978—2018 年）来我国经济的发展历程可以看到，除了经济的高速增长以外，资产（如股权资产、房地产等）价格的短期剧烈波动与快速上扬亦是我国资产市场的典型特征之一。但长期以来，不管是理论界还是实务界都将资产价格视为现实经济的影子以致无关紧要。2008 年全球金融危机后，世界各国普遍开始关注资产价格泡沫发生的宏观经济效应，我国也不例外，尤其在经济结构调整的“新常态”下，我国经济增速放缓，巨大的资产价格波动已不能由经济基本面的变动所解释，“泡沫”① 一词见诸报端。2016 年 7 月 26 日，中央政治局会议首次提及“抑制资产泡沫”，并将其视作降成本的重要任务之一。2016 年 8 月 5 日，中国人民银行发布的第二季度货币政策执行报告中首提“抑制资产泡沫，降低宏观税负”。2016 年 10 月 28 日，中央政治局会议则直接将“注重抑制资产泡沫”放在了“货币政策”部分表述。2008 年金融危机的经验表明，资产泡沫是触发系统性金融风险的重要来源。2017 年 7 月 14—15 日，全国金融工作会议上，习近平指出，防止发生系

① 本书混用“资产泡沫”和“资产价格泡沫”两个概念，均指资产在价格水平上的泡沫。

统性金融风险是金融工作的永恒主题。2017 年 10 月，党的十九大指出，健全金融监管体系，守住不发生系统性金融风险的底线。2022 年 10 月，党的二十大继续强调，守住不发生系统性风险底线。在此背景下，我们不禁要问，什么因素驱动了资产泡沫的发生？资产泡沫的发生会带来哪些经济影响？

在回答以上问题之前，我们需要对资产泡沫现象做简要的历史回顾。资产泡沫现象在人类历史上并不鲜见。著名的资产泡沫例子有 1637 年荷兰郁金香泡沫、1719 年法国密西西比泡沫、1720 年英国南海泡沫、20 世纪 20 年代的股市泡沫、20 世纪 90 年代末的互联网泡沫、20 世纪 80 年代的日本资产泡沫、2007 年的中国股市和房市泡沫、2008 年的美国房地产泡沫。以房地产为例，美国、日本、西班牙、希腊房价变动态势如图 1 - 1 所示。四国均在不同时期经历了不同程度的房地产价格与基础价值的巨大偏离，即房地产泡沫。金融危机被认为是由资产泡沫所引起。房地产泡沫破灭导致的信贷危机被认为是 2007—2009 美国经济萧条的最主要原因；日本房地产泡沫的破灭带来了所谓的“错失的十年”（Lost Decade）；欧洲主权债务危机被部分认为是由房地产泡沫的破灭所引起。

2008 年至 2018 年，金融危机已十周年。危机前美国资产价格暴涨，无论是房地产市场还是股票市场，都呈现一片繁荣景象。2008 年 8 月，美国房贷两大巨头房利美和房地美股价暴跌，美国持续多年的房地产价格泡沫破灭致使次贷危机爆发，进而发展成为蔓延全球的金融危机和经济危机，被认为是自大萧条以来最严重的一次，直到现在这一影响仍未完全消除。这次危机本质上仍然表现为资产价格泡沫的破灭引发了金融机构的信用危机进而引起了连锁反应，虽然美联储的连续降息以及美联储与欧洲央行的联合注资，逐渐缓解了金融市场上的流动性短缺，但这种信用危机已经从金融市场传导至实体经济，对全球的金融市场甚至是全球的经济稳定都产生了巨大的冲击。

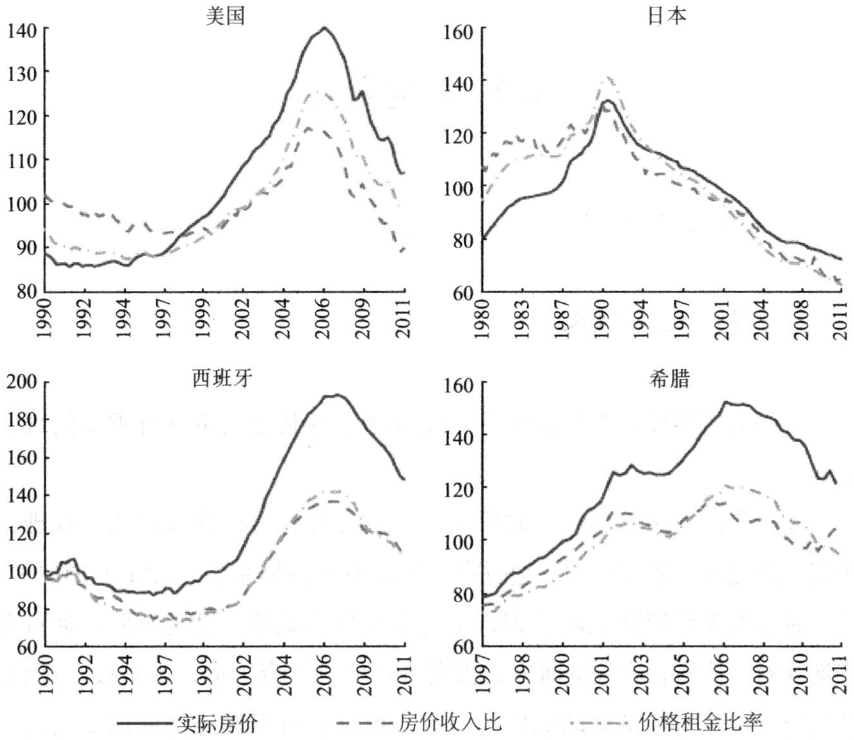

图1-1　美国、日本、西班牙和希腊四国房价及房价收入和租金比变动情况

数据来源：摘自 Miao（2014）。

2021年年底召开的中央经济工作会议指出，我国经济发展面临“需求收缩、供给冲击、预期转弱”三重压力。为实现经济稳增长、防范系统性风险，需要有应对资产泡沫的系统措施，包括资产泡沫预警体系的建立以及泡沫的有效管理，其中，资产泡沫预警体系的建立基础是对泡沫驱动因素的明确认识，而泡沫有效管理的基础是对资产泡沫宏观经济效应的明确认识。因此，诸如“资产泡沫如何形成?”“资产泡沫对金融稳定及实体经济产生怎样的影响?”此类的问题成为经济行为人及政策制定者所关心的热点。本书试图通过科学的理论分析与经验研究对以上问题进行解答。

1.2 研究意义

如前所述，基于研究背景，本研究具有重要的现实意义和理论意义。

1.2.1 现实意义

本书对指导投资者投资实践和政策制定者制定政策具有重要的现实意义。

通过资产泡沫驱动因素的研究，投资者将对资产泡沫形成构成理性预期，强化风险管理意识；通过资产泡沫对金融体系稳定性影响的研究，投资者可增强系统性风险意识，事先做好应对策略，防范风险；通过资产泡沫对经济增长影响的研究，投资者可明确投资方向，丰富投资组合；通过资产泡沫对经济波动效应的研究，投资者可根据经济周期变动进行资产组合策略的调整。

另外，通过对资产价格泡沫进行理论和实证分析，可以构建针对资产价格泡沫的检验与判断的分析框架。这有助于政策制定者进一步分析当前经济系统中是否存在金融失衡的现象，进而对研究者判断宏观市场的资源配置情况大有裨益。政策制定者可据此制定防范与化解资产泡沫的宏观审慎政策，稳定经济增长，减少经济波动，严防系统性金融风险发生。

总之，本书对于投资者构建合理的资产组合和防范投资风险，对于政策当局维持金融稳定并促进经济发展具有重要的现实意义。

1.2.2 理论意义

本书在丰富命题研究视角及研究方法方面有重要的理论意义。

研究视角方面，首先，本研究是对现有资产泡沫理论的有益拓展，可弥补该领域实证文献匮乏的现状，为正确认识资产泡沫提供指导；其次，本研究基于中国背景，立足发展中大国视角，拓展了资产泡沫理论的应用，为解释发展中国家资产价格波动提供了新的视角。

研究方法方面，本研究将模型不确定性问题引入实证分析框架，采用贝叶斯模型平均（BMA）或动态模型平均（DMA）方法解决该问题，丰富了与资产泡沫相关命题的研究方法。此外，本研究还将经济变量的区制转移及结构断点引入实证分析，使研究结论更加丰富、科学。进一步，本研究构建了多个符合我国经济特征的理论模型，这是对资产泡沫理论的有益扩充。

总之，本书对于丰富资产泡沫的研究方法，填补现有资产泡沫实证文献的空缺具有重要的理论意义。

1.3 研究内容与结构①

基于现实背景和理论发展，本书以资产泡沫为研究对象，对资产泡沫稳健驱动因素及其宏观经济效应展开研究。全书共七章，除绪言、文献综述及总结部分外，本书包括四个核心章节，回答了四个问题：

第一，哪些因素驱动了资产泡沫的发生？

第二，资产泡沫发生与金融稳定存在怎样的关系？

第三，资产泡沫发生与经济增长存在怎样的关系？

第四，资产泡沫发生与经济波动存在怎样的关系？

具体的研究内容包括：

① 基于数据的可得性和可信性，本书第3、4、5、6章均以股权资产为代表进行研究。

第 1 章，绪言。本章旨在论述本研究的选题背景、研究意义、研究内容与结构、研究方法及可能的研究创新。

第 2 章，文献回顾与评述。首先，对资产泡沫进行概念界定；其次，论述了现有的资产泡沫理论；再次，依据研究内容对资产泡沫驱动因素、资产泡沫与金融稳定、资产泡沫与经济增长、资产泡沫与经济波动等相关文献进行综述；最后，提出现有文献的研究不足。

第 3 章，资产泡沫驱动因素的研究。本章以 20 个代表性国家的股权市场为例，综合理性资产泡沫理论提出的多个泡沫驱动因素，在梳理泡沫驱动机制的基础上，实证考察资产泡沫的稳健驱动因素。本章的研究建立在对资产泡沫的科学识别上，采用了 Phillips et al.（2015）提出的 GSADF 方法。另外，本章还考察了不同强度的股权泡沫驱动因素的异质性，进一步在稳健性检验中考虑了制度因素、模型不确定、内生性等问题。

从第 4 章开始，本书探讨了资产泡沫的宏观经济效应，包括金融稳定效应、经济增长效应以及经济波动效应。

第 4 章，资产泡沫与银行业稳定。本章详细研究了资产泡沫发生对银行业稳定性造成的影响。本章的研究采用了建立理论模型和实证设计相结合的策略。首先，本章构建了银行持有泡沫资产的理论模型。该模型中，本章强调了有限责任制和存款保险制度对银行风险承担带来的影响，在此基础上梳理了泡沫资产持有对银行业稳定性造成影响的可能机制。其次，本章使用新近发展的贝叶斯模型平均 PVAR（BMA - PAVR，Koop and Korobilis，2016）和 26 个代表性国家数据对以上理论分析进行实证检验。最后，本章分析了银行业稳定对经济增长造成的影响。

第 5 章，资产泡沫、技术创新与经济增长。本章详细研究了资产泡沫发生通过技术创新渠道对经济增长产生的影响。与第 4 章类似，本章的研究也采用了建立理论模型和实证设计相结合的策略。本章构建了资产泡沫对企业技术创新产生影响的理论模型。本章结合既有的技术创新与经济增长关系的文献，疏通了资产泡沫通过技术创新作用于经济增长的路径，使用基于遗忘因子估计的参数和波动率时变的 VAR（FF - TVP - SV - VAR）和阈 VAR（TVAR）模型结合我国的数据，对理论分析的结论展开实证研究。

第 6 章，资产泡沫与经济波动。本章通过构建符合我国经济基本特征的动态随机一般均衡（DSGE）模型，分析资产泡沫冲击对经济波动的贡献及资产泡沫发生对其他宏观变量带来的脉冲影响。

第 7 章，结论、启示与未来研究方向。本章总结了全书的主要研究结论，提出了详尽的政策建议，并对资产泡沫相关话题未来的研究方向进行了展望。

本书的研究框架如图 1 - 2 所示。

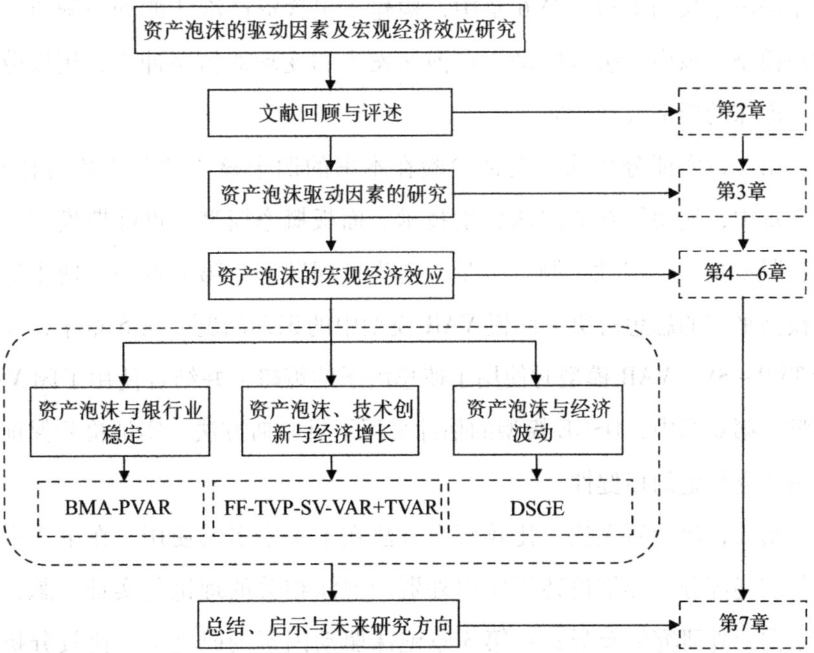

图 1 - 2　研究框架

1.4 研究方法

本书以“资产泡沫”的相关理论研究为基础，以我国实际问题为导向，采用理论模型和实证分析的研究方法，除此之外，全书还贯穿了比较研究的研究方法。

第一，理论模型法。构建理论模型是本书的主要研究方法之一。第4章中，构建了银行持有泡沫资产的理论模型。该模型强调了银行有限责任制及存款保险制度对银行风险承担带来的影响，通过该模型分析可以明确银行持有泡沫资产的基本条件。第5章中，本研究借鉴经济增长的创造性破坏理论，加入资产泡沫，以分析资产泡沫通过企业技术创新作用于经济增长的渠道。第6章中，构建了包含资产泡沫的动态随机一般均衡模型。该模型引入驱动资产泡沫发生和变动的情绪冲击，用以分析资产泡沫的经济波动效应。

第二，实证分析法。实证检验在本书的四个核心章节中均有体现。第3章中，使用最新的泡沫识别技术、面板概率模型、贝叶斯模型平均法克服模型不确定性、制度变量、内生性问题等。第4章中，使用贝叶斯模型平均的思想解决了面板VAR模型中的识别问题。第5章中，在估计TVP－SV－VAR模型时使用了遗忘因子的策略，并结合使用了阈VAR模型。第6章中，DSGE模型的估计采用了贝叶斯方法。实证检验保证了全书研究结论的稳健性。

第三，比较研究法。比较研究方法在本书中多次使用。在第2章的文献综述部分，详细论述了国内外资产泡沫相关的理论与实证文献，比较了国内外研究的差异；在第3章泡沫驱动因素的研究中，比较分析了不同金融制度的国家形成资产泡沫时的差异，并发现了其中的异质性；

在第4章泡沫与金融稳定的实证研究中，特别比较分析了中国和美国资产泡沫对金融稳定产生影响的异质性；第6章构建了符合我国实际情况的动态随机一般均衡模型，与基于美国情况构建的模型形成对比。

1.5　研究可能的创新

本书采用理论模型和实证分析等方法，系统研究了资产价格泡沫的驱动因素及宏观经济效应。本研究的创新体现在以下两点。

1.5.1　研究视角的创新

资产价格泡沫的驱动因素及其带来的宏观经济效应，是目前我国学术界和政策制定部门广泛关注的问题。然而，从系统的角度，目前国内学术界鲜有学者从事资产泡沫的研究。因此，本命题的研究在国内具有开拓性。

迄今为止，国外对于资产泡沫的驱动因素和资产泡沫经济效应的研究主要是理论分析，鲜有实证研究。本书在国外理论分析基础上，使用跨国面板数据实证考察资产泡沫的稳健驱动因素及其宏观经济效应，从而弥补了国外该领域研究的不足。

1.5.2　研究方法的创新

可以说，研究方法的创新是本书最为重要的创新。研究方法的创新具体体现在：

（1）理论模型上的创新

第一，在资产泡沫金融稳定效应的研究中，考虑到我国的金融结构是银行主导型，基于 Aoki and Nikolov（2015）的模型，本书构建了银行持有泡沫资产的局部均衡模型。在模型中，创新性地引入银行的有限责任制以及存款保险制度，分析了银行持有泡沫资产的基本条件。

第二，在资产泡沫经济增长效应的研究中，本书构建的理论模型提供了不同于现有文献的资产泡沫作用于经济增长的机制。在 Aghion（2004）的熊彼特经济增长模型基础上，创新性地引入融资约束，从而为泡沫促进经济增长创造了微观基础。

第三，在资产泡沫经济波动效应的研究中，基于 Smets and Wouters（2003）和 Christiano et al.（2005）模型，参考 Miao et al.（2015），本书创新性地引入股价泡沫变动的情绪冲击，构建了包含股权资产价格泡沫的动态随机一般均衡模型。

（2）实证方法上的创新

第一，在资产泡沫驱动因素的实证研究中，本书使用了最新的资产泡沫识别技术，即 GSADF（Phillips et al.，2015）。该识别技术已经被国外学术界和政策制定部门广泛关注，但在国内应用较少。在实证模型中本研究使用贝叶斯模型平均（BMA）法，克服了实证中可能存在的模型不确定性问题，从而使实证结论更加稳健。此外，本书丰富了制度金融学理论，实证考察了制度变量在资产泡沫形成中所发挥的作用。

第二，在资产泡沫金融稳定效应的实证研究中，本书的实证分析不同于以往的研究：一是使用面板 VAR 模型考察了各经济体之间的泡沫传染效应；二是采用贝叶斯模型平均法避免了过度参数化和约束设定问题。迄今，国内外还没有文献使用该方法研究该命题。

第三，在资产泡沫经济增长效应的实证研究中，本书使用了 Koop and Korobilis（2013）提出的基于遗忘因子估计的 TVP - SV - VAR 模型，即 FF - TVP - SV - VAR 模型。该模型能够刻画变量的时变特征，尤其在多维度模型中表现更佳。

第2章　文献回顾与评述

本章首先对本书中将使用到的核心概念进行界定；其次，由于本研究建立在资产泡沫理论基础上，尤其是理性资产泡沫理论，因此本章对资产泡沫的相关理论进行了综述，然后根据研究内容分别对资产泡沫的驱动因素、资产泡沫的金融稳定效应、资产泡沫的经济增长效应以及资产泡沫的经济波动效应相关文献进行较为详细的回顾与评述。

2.1　资产泡沫定义

回顾整个人类历史上资本市场的发展历程，我们可以看到资产泡沫以及由资产泡沫带来的经济金融危机成为其发展中的显著特征之一。著名的资产泡沫例子有1637年荷兰郁金香泡沫、1719年法国密西西比泡沫、1720年英国南海泡沫、20世纪20年代的股市泡沫、20世纪90年代末的互联网泡沫、20世纪80年代的日本资产泡沫、2007年的中国股市和房市泡沫、2008年的美国房地产泡沫以及后来触发的全球金融危机。泡沫的共同特征是前期资产价格的疯涨，投资者狂热持有泡沫资产，直至高至被市场意识到其资产价格被严重高估，投资者开始争相抛售泡沫资产，引起资产价格瀑布式下跌，最终引致金融危机。

虽然使用“泡沫”一词来刻画资产价格发生大幅上涨及大幅下跌这

种现象已经有很久的历史，但是对于泡沫的正式定义并没有统一，纵观现有文献，可以将泡沫的定义大致分为两类。

第一类定义是对泡沫资产价格的变动过程进行刻画，代表性的是 Kindelberger（1978），他将泡沫定义为资产价格上涨到爆炸的程度。在《新帕尔格雷夫经济学大辞典》中，Kindelberger 给出了更加具体的定义，资产泡沫可被定义为单个资产或一系列资产在一个连续的时间过程内快速上涨，而初始的上涨会引发未来进一步上涨的预期，因此会吸引更多的资产买入者，这些泡沫资产的投机者只关心资产交易中的收益大小而不关心该资产的实用价值和盈利能力。这个定义暗示着泡沫这种畸高的且快速上涨的价格变动是无法被合理化的，即无法由资产的盈利能力解释，而纯粹是由于投机者的“一时冲动”导致，因为他们认为会以更高的价格将资产卖出去。

第二类定义是资产价格偏离其基础价值的部分即为泡沫，以 Garber（2000）为典型代表，该类定义在经济研究中被广泛使用。具体来看，资产价格泡沫即无法由资产基础价值所解释的那一部分。Rosser（2000）将这一概念进一步具体化，当资产价格在一段时间由于除随机冲击以外的某些原因发生了价格偏离市场基础价值的情况，即为泡沫，而基础价值是指与一般均衡一致的长期均衡。以上定义暗示着基础价值应该反映的是长期均衡的预期值，但允许影响资产价格的短期随机冲击存在，但基础价值往往是无法观测到的，Rosser（2000）指出最关键的问题就是决定资产的基础价值。

2.2 资产泡沫理论

现有文献提出了丰富的资产泡沫理论，根据研究假设不同，本章将资产泡沫理论分为理性泡沫理论和非理性泡沫理论两大类，现对各种泡沫理论进行简要介绍。

2.2.1　理性资产泡沫理论

理性资产泡沫理论以有效市场假设为理论前提，即假设经济行为人是理性预期和行为理性的。在此情况下，资产价格会表现为由基础价值和理性泡沫共同决定，此时的泡沫并不是资产定价错误导致。理性资产泡沫理论源于 Samuelson（1958）和 Tirole（1985）的研究，最初开发该理论是作为经济动态无效（dynamic inefficiency）[①] 的补救。为定义理性泡沫，需要从定义证券或资产组合从时间 t 到 $t+1$ 的回报率 r_{t+1} 开始：

$$r_{t+1} = \frac{d_{t+1} + p_{t+1}}{p_t} - 1 \tag{2-1}$$

其中，d_t 表示证券在时间 t 的分红，p_t 是证券价格。基于时间 t 的信息集，对式（2－1）取期望值，并进行重新整理，可得：

$$p_t = \frac{E_t(d_{t+1} + p_{t+1})}{1 + E_t(r_{t+1})} \tag{2-2}$$

其中，$E_t(\cdots)$ 是 $E_t(\cdots \mid I_t)$ 的简写，I_t 表示在时间 t 所获得的信息集。注意：式（2－2）并未对主观预期和客观预期做出区分，也未对个体间的主观预期做出区分，实际上是假设理性预期（rational expectation）和对称信息（symmetric information）。假设预期回报率为常数，可将式（2－2）写成：

$$p_t = (1+r)^{-1}E_t(d_{t+1} + p_{t+1}) \tag{2-3}$$

根据式（2－3）写出 p_{t+1} 并将其代入，可得：

$$p_t = (1+r)^{-1}E_t(d_{t+1}) + (1+r)^{-2}E_t(d_{t+2} + p_{t+2}) \tag{2-4}$$

---

① 动态无效是指经济体过度积累资本，投资无效，消费水平不足的经济状态。

重复 n 次，可得：

$$p_t = \sum_{i=1}^{n}(1+r)^{-i}E_t(d_{t+i}) + (1+r)^{-n}E_t(p_{t+n}) \tag{2-5}$$

若 n 趋于无穷大，式（2－5）可写成：

$$p_t = \sum_{i=1}^{n}(1+r)^{-i}E_t(d_{t+i}) + \lim_{n\to\infty}(1+r)^{-n}E_t(p_{t+n}) \tag{2-6}$$

假设极限存在，定义式（2－6）右侧第一项为 f_t，证券的基础价值，即为分红的折现值，第二项定义为泡沫 b_t。因此，可得到：

$$p_t = f_t + b_t \tag{2-7}$$

通过上述分析，可得出关于理性资产泡沫的一些观察。

第一，将式（2－7）和 f_t、b_t 代入式（2－3），可得：

$$b_t = (1+r)^{-1}E_t(b_{t+1}) \tag{2-8}$$

式（2－8）意味着资产泡沫一旦存在，在确定情形下，其增长率等于利率。

第二，如果假设泡沫在每个时期会以一个常概率破灭，那么为了产生式（2－8）的预期回报，泡沫必须以一个更快的速度增长。在该种情形下，即使泡沫会在未来以概率1破灭，资产泡沫仍将为正值。

第三，企业若从不派发红利，以及未来也不会派发，那么该企业的市场价值全部都是泡沫。

第四，由于弃置免费（freely disposal），任何泡沫都是非负的。

第五，泡沫只能在有无穷多个时期的模型中存在，否则根据式（2－8）后向推倒可得任何时期泡沫都为零。

2.2.2 非理性资产泡沫理论

非理性资产泡沫理论是随着行为金融理论的发展而兴起的，其认为有效市场假说不成立，人是有限理性的（boundedly rational）。非理性资产泡沫理论可大致分为四类。

（1）信念差异和卖空约束（Differences of opinion and short－sale constraints）

该类模型认为投资者观点不一致和存在卖空约束。当乐观投资者是有限理性或者对自己的信念十分坚持时，资产价格泡沫就会发生。在这种情况下，乐观者不考虑悲观者由于卖空约束的存在而无法出售资产。当投资者的信念趋同到一个共同价值或者卖空约束得到放松时，资产泡沫就会消失。Miller（1977）提出了一个静态模型，刻画了由于信念差异和卖空约束导致的资产价值高估的情况。Harrison and Kreps（1978）则提出了一个动态模型，将 Miller（1977）的观点融合进来。在动态的情形下，资产价格会达到比静态时更高的程度，这是因为投资者愿意为他们的私人估值支付溢价以期能够在未来以更高的价格出售。

实证研究支持了该类模型的结论。Diether et al.（2002）使用分析师对收益预测的差异作为投资者对股票估值差异的代理变量，发现分析师预测差异大的股票的表现要差于分析师预测差异小的股票，这表明前者在初始是被高估的。Chen et al.（2001）使用共同基金所有权的宽度来测度投资者信念的差异，当一只股票被小部分基金持有时，共同基金关于该只股票的估值差异肯定要大于当该只股票被大部分基金持有时的情况。进一步，他们发现被小部分基金持有的股票的表现要差于被大部分基金持有的股票，这表明前者被高估。

（2）反馈交易（Feedback trading）

在该类模型中，一部分投资者基于最近的资产价格变动形成他们的交易需求，现有实证文献均表明共同基金（Grinblatt et al.，1995）和散户投资者（Barber et al.，2009）会对近期资产的高回报表现出正反馈交易。简单的理论机制可表述为，资产价格会对期初的好消息做出反应，引起资产价格的初始上涨，资产价格的这种上涨会被那些反馈交易者观测到，他们购买资产，进而推升资产价格。资产价格的上涨会进一步吸引反馈交易者的加入，他们的交易需求会将资产价格推的更高，甚至超过资产的基础价值。只要更多资本被投资，这种周期就会持续，最终新资本消耗完毕，泡沫停止增长，货币开始流出，泡沫破灭。

Shiller（2002）认为新闻媒体强化了这种反馈交易行为，因为新闻媒体倾向于报道那些有更高投资者关注度的资产。通过这样的过程，媒体报道导致更多的反馈交易者加入，反过来，媒体报道会进一步增加，投资者基数会进一步扩张。Bhattacharya et al.（2009）也指出网络泡沫时新闻媒体对网络做了过多的正向报道。

像庞氏骗局（Ponzi Scheme）一样，早期反馈交易者以后期加入为代价获取收益。Hong and Stein（1999）刻画了两类有限理性交易者，消息观察者（news watcher）和冲动交易者（momentum traders，反馈交易者的另外一种表示）。当消息观察者观测到有关资产基础价值的私有消息时，他们不会基于资产价格的历史信息作出交易决策；相反，冲动交易者则不观测有关资产基础价值的任何消息，而是基于资产价格的历史信息作出交易决策。价格新信息在消息观察者之间扩散是缓慢的，因此资产价格的反应也是缓慢的。由于初始的反应不足，冲动交易者以消息观察者为策略对象进行的交易是可以预期盈利的。然而，由于消息观察者不能区分出他们在消息周期中是早进行交易还是晚进行交易，因此资产价格会以公允价格的超调结束，那些后加入的交易者会遭受损失。

DeLong et al.（1990）则在以上的类似设定中引入了理性投资者。然而，理性投资者的存在也不能确保资产价格反映的是其基础价值。事实上，理性投资者在利用非理性的反馈交易者进行交易时扰乱了资产价格。模型中包含三类交易者：被动交易者，仅基于资产价格相对于基础价值的大小形成交易需求；反馈交易者，类似于前文的冲动交易者，基于历史价格信息形成交易需求；理性交易者，既基于基础价值也基于预期的价格变动形成交易需求。理性投资者知道，由于反馈交易者的存在，交易需求会随着过去资产价格的变动程度而增加。在下一期，理性投资者会逆反馈交易者行事，因此会从反馈交易者那里获得收益。

（3）偏颇的自我归因（Biased self – attribution）

偏颇的自我归因是一个在心理学文献中被广泛使用的概念。人们会只考虑那些与他们信念一致的信息而将那些与自己信念不一致的信息视为噪音。Daniel et al.（1998）引入一个偏颇的自我归因导致资产泡沫的模型。在该模型里，投资者会收到一个噪音私有信号，形成他对资产的初始估值。随后，一个噪音的公共信号被释放出来。由于偏颇的自我归因存在，当公共信号确认了其私有信号，投资者会对其得到的私有信号过度自信，进一步，资产价格会朝着符合私有信号的方向进行修正；当公共信号与私有信号发生冲突时，其会忽略公共信号，资产价格保持不变。因此，公共信号会使资产价格朝着符合私有信号的方向缓慢移动。不像初始的私有信号，后续的资产价格变动都不是由于基础价值变动引起，因此被称为泡沫。当与私有信号不一致的公共信号开始增多时，投资者开始怀疑自己，此时泡沫开始破灭。

（4）代表性启发与保守性偏差（Representativeness heuristic and conservatism bias）

代表性启发与保守性偏差概念同样源于心理学文献。代表性启发会引起投资者对那些吸引眼球的消息予以太多的关注。保守性偏差则为让投资者对那些常规的、不吸引眼球的消息予以极少的关注。两种偏误均会导致泡沫的形成。Barberis et al.（1998）将这两种心理现象融合进模型。该模型中，企业的收益符合随机游走过程，然而，投资者会错误地认为收益符合一个趋势性过程或者均值回归过程。投资者还会进一步假设，收益会在趋势性过程和均值回归过程之间以小概率进行转换。当收益发生连续的变动时，投资者会认为其符合趋势性过程，因此投资者对过去的收益序列反应过度。投资者忽视了企业会在长期持续增长或持续下降。这种情形会一直持续到企业收到太多的信号以致其被迫从趋势性过程转变为均值回归过程。

2.3 资产泡沫的驱动因素

Brunnermeier and Oehmke（2013）认为，很多泡沫理论的文献都是将Minsky模型正式化①，Minsky模型泡沫过程分为五个阶段：置换阶段（displacement phase），以新技术和金融创新发生为主要特征；繁荣阶段（boom phase），以信贷扩张和投资增加为主要特征；疯狂阶段（euphoria phase），以高交易量和价格波动为主要特征；利润攫取阶段（profit－taking phase），以投资者减少头寸带走利润为主要特征；恐慌阶段（panic phase），以倾销资产为主要特征。

Scheinkman and Xiong（2003）基于异质信念将以上论述模型化，认为泡沫会伴随着巨大的交易量和资产价格波动，并且二者对资产泡沫的形成有正向作用。Narayan et al.（2013）利用美国股权资产数据，实证支持了Scheinkman and Xiong（2003）的结论，交易量和资产价格波动是股权资产泡沫的显著正向驱动因素。

2007年至2009年的金融危机促进了资产泡沫形成理论的迅速发展。第一个洞察是对货币政策的再思考，危机之前，政策制定者和经济学家忽视泡沫的存在，认为金融部门有自我稳定的功能，忽视货币当局的金融稳定角色。Galí（2014）和Galí and Gambetti（2015）基于Tirole（1985）提出的理性资产泡沫框架考察了货币政策对股票市场泡沫的效

① 参见Kindleberger（2005）对Minsky模型的描述。

应，他们的研究挑战了传统的“逆风而动”（lean against the wind）的货币政策，认为货币政策会助推股权泡沫的发生。袁越和胡文杰（2017）在以上框架下分析了中国股市资产价格受货币政策变动的影响，得出了类似的研究结论。Svensson（2014）也认为应谨慎使用传统货币政策管理泡沫。

第二个洞察是信贷市场周期与股权繁荣、萧条的同步性。Kiyotaki and Moore（1997）首次研究了信贷与资产价格的互动关系。Miao et al.（2015）和 Jordà et al.（2015）将信贷视为泡沫的驱动因素，并且信贷驱动型的泡沫比其他类型泡沫更加危险。Jordà et al.（2013）和 Drehmann and Juselius（2014）认为信贷的迅速扩张与后续更高的概率陷入金融危机的萧条相关。

第三个洞察是资产泡沫在各经济体之间的迅速蔓延。自我功能良好的经济体也可能会受到输入型危机的攻击。Ventura（2012）和 Martin and Ventura（2015）在理性泡沫的框架下研究了信贷泡沫的国际传递，认为金融全球化、低利率环境促使泡沫产生，泡沫发挥了替代资本流动的作用。除此之外，Clain – Chamosset – Yvrard and Kamihigashi（2017）在纯交换的两国 OLG 框架下分析了两类太阳黑子冲击下泡沫的国际传递情况：第一种情形下外国受到太阳黑子冲击，此时，外国会发生泡沫且会传递至东道国；第二种情形下外国和东道国都受到独立的太阳黑子冲击，此时，外国泡沫对东道国泡沫既可以产生正向，也可以产生负向的作用。

2.4 资产泡沫与金融稳定

本部分的研究与两个方向的文献有紧密关系，分别是资产价格泡沫效应理论和银行业稳定性决定理论。

现有文献关于资产泡沫效应理论的研究集中于泡沫的经济增长效应和福利效应。Samuelson（1958）的开创性研究认为，泡沫弥补了世代交叠模型中市场的不完全性，因此具有提升福利的作用。Tirole（1985）研究认为，当经济体处于动态无效时，即资本积累过剩，泡沫可挤出投资提升福利。但也有学者持不同观点，如 Grossman and Yanagawa（1993）、King and Ferguson（1993）和 Saint – Paul（1992）等认为存在外部性的经济体里，资本积累不足，泡沫反而会进一步挤出投资，导致经济增长下滑、福利降低。在此基础上，Azariadis and Reichlin（1996）认为当资本边际产出发生变动且经济外部性较弱时，泡沫还是有提升福利的作用。Olivier（2000）认为泡沫是否利于经济增长取决于资产类型，当股权资产出现泡沫时，泡沫会提升企业市场价值，进而会鼓励企业创新投资，因此促进增长。

后续的研究（尤其在 2008 年金融危机之后），学者们开始将金融摩擦加入泡沫理论的研究之中。Caballero and Krishnamurthy（2006）和 Farhi and Tirole（2012）认为即使经济动态有效，当存在金融摩擦时，泡沫也可以放松金融摩擦为企业提供流动性，刺激投资，促进增长。Kocherlakota（2009）和 Miao and Wang（2011）认为泡沫可以提升企业抵押品的价值，使企业获取更多贷款，促进增长。Ventura（2012）认为金融摩擦阻碍了国家间资本的流动，当泡沫出现时，会降低该国资本存量，而其他国家的投资品价格会相对降低、资本存量增加，泡沫起到了代替资本流动的作用。Ventura（2012）在 Tirole（1985）模型的基础上引入投资者情绪冲击和信贷摩擦，解释了泡沫时期资本存量、消费及产出的繁荣。Miao and Wang（2014）将泡沫引入两部门经济，认为存在信贷摩擦下泡沫兼具了信贷放松效应和资本再配置效应，前者会提升投资效率，但后者可能会导致资本错配，依赖于两部门之间的互动，因此泡沫对经济增长的作用取决于两者效应的方向及大小。

现有文献从多角度研究了银行业稳定性的决定。Claessens et al.（2001）、邱立成和王凤丽（2010）研究认为，外资银行进入提高了东道国银行业的稳定性。庄毓敏等（2012）研究了信用风险转移的金融产品创新对银行业稳定性的影响，发现虽然信用衍生品对银行个体的风险有降低作用，但也会使银行增持高风险资产，最终导致银行系统风险的增加。王擎和田娇（2016）构建了包含我国金融特点的DSGE模型，基于各种外生冲击分析了银行受到提高资本约束要求时系统性金融风险传递的运行机制，研究发现，提高资本监管要求有助于抑制金融风险传递。汪莉（2017）在D－L－M模型基础上引入隐性存保异质性、资本充足率约束和市场纪律约束，研究认为，当市场结构处于非完全垄断且银行资本处于较高水平时，低利率的货币环境会通过银行杠杆的"顺周期"性导致银行的风险承担增加，最低资本监管要求的提高和市场纪律约束的增强有利于在一定程度上抑制银行杠杆的"顺周期"调整。

较多文献从存款保险制度和有限责任制角度分析了银行（业）稳定性。Kim and Santomero（1988）认为，由于无效的存款保险制度，银行会选择持有高风险的资产组合，而资本需求可降低银行的过度风险承担。Gertler and Kiyotaki（2015）研究认为，存款保险制度能在一定程度上缓解挤兑带来的顺周期效应，但同时也会带来过度加杠杆的道德风险从而提高金融机构破产概率。另外，提高资本充足率政策可以起到降低杠杆进而减小金融中介破产概率。Collard et al.（2017）认为有限责任制及存款保险制度导致的银行过度承担风险是金融脆弱性的来源。田国强等（2016）研究认为，存款保险制度通过影响存款者的两类提前取款动机，具有稳定预期和引致道德风险两个方向相反的效应。尹雷和卞志村（2016）基于51个国家1973—2005年的数据实证研究发现，利率市场化会加剧银行危机的发生概率，但存款保险制度的建立可弱化利率市场化的危机效应，并维护利率市场化后的金融稳定。郭晔和赵静（2017）利用我国银行业微观数据研究发现，存款保险制度显著增加了我国除工、农、中、建四大国有银行之外的商业银行的个体风险。

部分研究从资产价格波动视角解释银行业稳定性。方意（2015）研究认为，紧缩货币政策冲击主要导致银行被动风险承担的增加，而房价上涨冲击主要导致银行主动风险承担的增加。李梦花和聂思玥（2015）研究发现，资产价格和银行脆弱性之间存在同期因果关系，但银行脆弱性对房地产价格波动的解释力十分有限。祝继高等（2017）基于我国城市商业银行的数据研究发现，房地产价格波动与银行贷款损失准备显著正相关，且受“四大”会计师事务所审计的银行和国有银行会计提更多的损失准备，在房地产价格波动越高的地区会计提更多的损失准备。

2.5 资产泡沫与经济增长、技术创新

本部分与两方面的研究密切相关，即资产泡沫与经济增长的关系和资产泡沫与技术创新的关系，现对代表性文献逐一进行梳理。

2.5.1 资产泡沫与经济增长

如前所述，资产泡沫经济增长效应的研究经历了从负效应到正效应的转变过程。Tirole（1985）的开创性文献率先研究了资产泡沫产生的条件，即经济动态无效。此后为研究资产泡沫的经济增长效应，学者们开始将标准的经济增长模型与Tirole（1985）的模型相结合。认为泡沫对经济增长不利的代表性文献有：Saint - Paul（1992）采用新古典的增长模型，研究认为，由于经济的动态无效性，公共债务（泡沫）是可以存在

的，且公共债务的存在虽然会在当期实现帕累托改进，但对未来经济增长不利。Grossman and Yanagawa（1993）研究了一种生产性储蓄和非生产性储蓄互动的经济，在该经济类型下经济增长内生决定于劳动生产率的提升，证明当经济动态无效时资产泡沫会产生，且泡沫对经济增长有负向作用以及会降低泡沫之后出生的所有人的福利。King and Ferguson（1993）研究了一个完全竞争的干中学（learning by doing）经济，由于干中学的外部性，经济体会处于动态无效状态，此时为资产泡沫产生创造了条件，但会导致储蓄不足，不利于经济增长。Futagami and Shibata（2000）在一个内生经济增长的模型中证明了资产泡沫存在的充分必要条件，认为即使经济动态有效也可能存在泡沫，且泡沫的存在不利于经济增长。陈彦斌和刘哲希（2017）构建了一个含有市场预期内生变化的 DSGE 模型，认为资产泡沫会挤出对实体经济的投资，导致经济“脱实向虚”，从而认为在中国不能将推动资产价格上涨作为稳增长的手段。

认为泡沫对经济增长有利的代表性文献有：Farhi and Tirole（2012）将企业融资约束引入动态经济，研究认为，经济即使动态有效，泡沫也可能存在，且泡沫有放松融资约束的作用，因此有利于经济增长。Martin and Ventura（2012）观察到资产泡沫与经济波动的同步性，在 Tirole（1985）的基础上引入金融摩擦和资产泡沫的随机生成和破灭，表明资产泡沫与经济增长有正相关关系。Kunieda and Shibata（2016）在一个无限生存的模型中证明了资产泡沫的可存在性，并且发现在不完美的金融市场上资产泡沫有助于异质性生产率的投资者获取更多的信贷资金，因此有益于经济增长。Hirano and Yanagawa（2017）在一个内生经济增长的模型中引入金融摩擦和异质性个体，证明当抵押贷款率很高及很低时资产泡沫不能存在，只有抵押贷款率介于中间时才会存在，且进一步证明当抵押贷款率相对较低时泡沫可以促进经济增长，但当抵押贷款率相对较高时不利于经济增长。

2.5.2 资产泡沫与技术创新

技术创新与资产泡沫两者间存在双向互动关系（Hirano and Yanagawa，2017）。首先，技术创新会影响到资产泡沫产生的条件。Scheinkman（2014）认为，由于技术创新是促进经济增长的重要因素，经济增速上升会导致经济动态无效的概率上升，因此会增加泡沫存在的概率①，相反，泡沫会对由于技术创新带来的投融资产生影响。Shiller（2000）和Lansing（2008）认为技术创新发生后，投资者会对技术的真实进展情况做出过度反应，因此导致投机性泡沫。Comin et al.（2009）和Kung and Schmid（2015）也认为技术创新及其扩散是产出和资产价格变动的源泉。

其次，泡沫会对技术创新产生影响。Miao and Wang（2012）提出了信贷驱动的股票泡沫理论，企业面临异质的生产率冲击和信贷约束，研究认为，股票泡沫可以使资源配置更加有效，有助于全要素生产率的提升。Takao（2017）在一个内生经济增长的框架下研究认为，资产泡沫会对市场结构产生影响，资产泡沫会利于大企业的产生，大企业通过规模化产品生产降低单位产品研发费用，因此有增加研发支出的激励，从而有利于经济增长。

2.6 资产泡沫与经济波动

本部分与两方面的研究密切相关，即中国经济波动驱动因素的研究和资产价格（泡沫）冲击与经济波动关系的研究，现对代表性文献逐一

① 当然，如果技术创新带来利率的上升，此时经济体不会动态无效，泡沫也就不会产生。

进行梳理。

2.6.1 中国经济波动驱动因素

遵循经济周期理论的研究脉络，国内学者已从多个方面研究了我国经济波动的驱动因素，从研究方法上可将文献进一步划分为基于 VAR 框架的实证研究和基于 DSGE 模型的理论研究，前者识别出需求和供给冲击对经济波动的作用，后者则将各类具体冲击包含在模型中逐一进行分析，包括技术冲击、政策冲击、劳动供给冲击、金融冲击等。

基于 VAR 模型的实证研究包括：林建浩和王美今（2016）研究认为，大稳健延续和增速换挡是新常态下我国经济的典型特征，并且利用 TVP - SV - VAR 模型识别了两个典型特征的驱动因素，大稳健延续的驱动因素源于结构冲击和传导机制的双重渐变，经济系统的自我稳定效应有所强化；增速换挡的驱动因素源于增长率下降和外部负向需求冲击长期化的二者叠加。田磊等（2017）在 SAVR 模型下结合混合的符号约束研究发现，经济政策不确定性冲击不是中国经济波动的主要驱动因素，需求冲击是主要因素，供给冲击次之。祝梓翔和邓翔（2017）使用 TVP - VAR 模型和 BQ 约束研究了 2008 年危机前后我国产出和通货膨胀波动的驱动因素，发现危机前需求冲击起主要作用，危机后需求和供给冲击共同起作用。

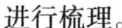

基于 DSGE 模型的理论研究包括：王国静和田国强（2014）构建了包含金融冲击的 DSGE 模型，研究发现，金融冲击是驱动我国经济周期波动的最显著因素，能解释产出波动的 80%。仝冰（2017）构建了 DSGE 模型并使用我国的混频数据进行贝叶斯估计，模拟结果表明，中国产出波动的最主要驱动因素是投资相关冲击，其次为货币政策冲击、持久性技术冲击和外生需求冲击。鄢莉莉和吴利学（2017）构建了包含投入产

出结构的新凯恩斯多行业 DSGE 模型，发现行业技术冲击对行业和宏观经济波动具有显著解释力。

2.6.2 资产价格（泡沫）冲击与经济波动

将资产价格（泡沫）引入经济周期模型的文献并不多，现列举主要的国外和国内相关研究。国外的相关文献包括：Chaney et al.（2012）基于企业层面的微观数据研究认为，房地产价格的变动会通过“抵押品渠道”引起企业投资的波动，企业的房地产价值每增加 1 美元，其投资会增加约0.06 美元。Martin and Ventura（2012）在 Tirole（1985）的模型基础上引入资产泡沫的随机生成与破灭以及金融摩擦，模型不仅产生了主要宏观变量的周期性波动，也产生了资产价格的顺周期性特征。Luik and Wesselbaum（2015）构建了包含理性资产泡沫和金融摩擦的新凯恩斯模型，研究发现，泡沫冲击对宏观变量波动的解释是显著的且其解释程度和投资专有技术冲击类似。Miao et al.（2015）构建了包含驱动股价泡沫变动的情绪冲击的 DSGE 模型，并利用贝叶斯方法对其进行估计，研究发现，情绪冲击能解释绝大部分股价的变动，且情绪冲击是驱动主要宏观变量波动的重要因素。

国内的相关文献包括：刘晓星和姚登宝（2016）在一个包含了金融摩擦和价格黏性的多部门 DNK－DSGE 模型中，研究了流动性、金融脱媒和资产价格三类冲击对经济、金融变量的动态影响，发现资产价格冲击是中国经济周期的重要驱动因素，可以解释主要变量 30% 左右的波动。王频和侯成琪（2017）构建了包含住房交易成本和住房价格加成的预期冲击的 DSGE 模型，研究表明，该预期对于经济波动有重要解释力。郭娜等（2017）构建了包含房地产部门的系统性金融风险内生化 DSGE 模型，研究发现，宏观经济金融变量对外生冲击的响应会根据房价黏性的强弱有所不同，高黏性下偏离稳态的幅度较小。陈蔚和马骏驰（2017）将资产泡沫引入 BGG 模型，发现当经济体有泡沫时要比没泡沫时的波动更大。

2.7 现有研究的不足

现有文献虽然已从多个研究视角对资产泡沫问题开展了较为详尽的研究，但仍存在以下几点不足。

现有文献基于不同的假设和模型设定，得出了丰富的资产泡沫决定理论。然而，鲜有资产泡沫的实证研究文献（LeRoy，2004；Miao，2015）。可能的原因有两点：第一，尽管文献中已经提出很多种资产泡沫的识别方法，但被广泛接受的可信方法仍缺乏（Gürkaynak，2008）；第二，资产泡沫的研究在以前属于边缘话题（Caballero，2010）。

现有文献较少研究资产泡沫的银行业稳定效应。经过 2008 年金融危机，我们有理由相信资产泡沫会与银行业稳定存在显著的关系，银行等金融机构持有泡沫资产比企业持有泡沫资产对实体经济造成的影响更大（Aoki and Nikolov，2015），但现有文献缺乏对金融机构持有泡沫资产的研究。

现有文献已从多个渠道研究了资产泡沫对经济增长产生的影响，但鲜有基于技术创新渠道的研究。实际上，资产泡沫与技术创新存在显著的互动关系。进一步，现有文献以理论研究为主，所得结论缺乏实证分析的支持。本研究试图从以上两个角度弥补现有文献的不足。

现有文献虽然已从多个角度对驱动我国经济波动的因素进行了识别，但将资产价格纳入分析的文献还较少。尤其近年来我国经济泡沫化问题引起了广泛关注，因此有必要构建符合我国经济波动特征的且包含资产泡沫的经济周期模型。本研究拓展了该领域的研究。

第3章　资产泡沫驱动因素的研究

抑制资产价格泡沫、防范系统风险与稳定经济增长之间存在紧密的联系，是政策制定者与学术界共同关注的话题。长期以来，脱离经济基本面的暴涨暴跌现象是资产价格的显著特征之一（Brunnermeier and Oehmke，2013）。2016年7月26日，中共中央政治局会议首次提出并强调了“抑制资产泡沫”。大量学者针对资产价格泡沫问题开展了广泛的理论研究，如Samuelson（1958），Shiller（1981），Tirole（1985），Kiyotaki and Moore（1997），Scheinkman and Xiong（2003）和Martin and Ventura（2015）等。

图3－1以我国上证综合指数与美国S&P500指数为例，从图中可以看到样本期内股权资产价格均发生了大幅度的波动。随着网络泡沫的破灭，S&P500指数到2003年损失了其市场价值的40%，在2007年至2009年的次贷危机中，S&P500指数损失了其市场价值的53%，之后进入繁荣阶段，截至样本期末，其市场价值膨胀了近三倍之多。上证综指运动轨迹与S&P500指数有所不同，从21世纪初开始市场价值下降持续至2006年年初，2006年至2007年年末市场价值上涨六倍之多，而至2009年跌幅近71%，之后有小幅上涨后又进入下跌通道，直至2015年的疯狂。

如何解释上述的资产价格波动是经济学的难题之一（Shiller，1981）。与新古典理论认为资产价格波动源于经济周期等基本面因素的变化有所不同，学者们开始将资产价格（P_t）分为泡沫成分（P_t^B）和基础价值

成分（P_t^F），即 $P_t = P_t^B + P_t^F$。Shiller（1981）研究认为，未来预期分红的变动不能解释美国股权资产价格的变动。LeRoy（2004）和 Shiller（2005）研究了股权资产和房地产的繁荣后发现，市场繁荣不是由基本面因素（包括人口统计学变量、利率、建筑成本等）驱动的。French and Poterba（1991）针对日本资产市场的研究得出了类似的结论。

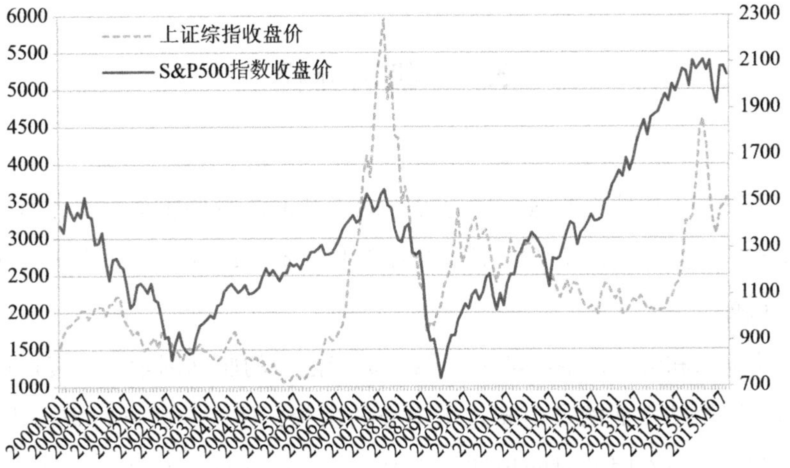

图 3－1　上证综指（左轴）和 S&P500 指数收盘价走势

资产价格泡沫之所以值得关注，是因为它对实体经济产生的影响。Samuelson（1958）认为，泡沫通过完善现有市场而有利于福利的提升。Tirole（1985）认为，泡沫只会在动态无效的经济中出现，因此也可以改善福利。然而，Grossman and Yanagawa（1993）在一个包含外部性的动态模型框架下研究认为，泡沫对实体经济产生负向作用。Oliver（2000）则认为泡沫对实体经济产生的影响要依赖于被投机资产的类型。Martin and Ventura（2012）将投资者情绪冲击和金融市场的不完善性引入 Samuleson－Tirole 模型，产生了实际观测到的泡沫以及宏观变量的变动。Miao et al.（2015）估计了一个具有内生信贷约束的 DSGE 模型，该模型中情绪冲击驱动泡沫的变动，进而产生了股权资产价格和实际宏观变量之间的协同运动（comovement）。

综上可知，泡沫理论对解释资产价格波动提供了可信的研究思路，资产泡沫在实体经济发展中发挥着重要作用。为探究资产泡沫的驱动因素，本章以股权资产为例，使用20个代表性国家的经济金融数据，实证研究了驱动泡沫产生的稳健因素。

3.1 机制分析

本章基于理性资产泡沫理论提出的资产泡沫主要驱动因素，对各主要驱动因素进行实证检验。下面对各主要因素驱动资产泡沫发生的机制进行梳理。

交易量和资产价格波动率可能是资产泡沫的驱动因素，当资产所有者认为资产基本面的价值超过了中介的出价，他就会只进行资产出售，该过程在一个有限的时间周期内重复无穷次就会导致交易疯狂（trading frenzy），交易疯狂会带来平均交易量的上升，因此导致更多的泡沫发生；由于交易者信念的异质性，当信念方差变大时，资产价格的波动率会相应上升，导致资产泡沫发生，这与Topol（1991）的结论一致。

命题1：交易量和资产价格波动率是股权资产泡沫的正向驱动因素

“逆风而动”的货币政策可能是资产泡沫的驱动因素，其具体机制为：资产价格中的基础价值部分确能通过紧缩货币政策对贴现率的影响得以降低，但资产价格中的泡沫部分由于套利交易的存在，当紧缩货币政策时泡沫成分会增大，当紧缩货币政策导致的基础价值下跌小于泡沫上升时，会表现为紧缩货币政策导致资产价格上涨。

命题2：“逆风而动”的货币政策可能正向驱动了股权资产泡沫的发生

银行信贷可能是资产泡沫的驱动因素，其具体机制为：企业面临内生的信贷约束，为获取贷款需要以资产作为抵押或质押，信贷的增加会通过企业的投资效益触发资产价格的初期上涨，资产价格的上涨有放松信贷约束的作用，进而引起信贷增长，投资增加（Chaney et al.，2012），企业预期净现金流入增加，资产价格进一步上升，这种双向反馈机制最终导致资产泡沫化。

命题3：银行信贷是股权资产泡沫的正向驱动因素

资产泡沫可能会在国家间传递，具体可概括为两个传递渠道：第一，利率渠道。一国发生泡沫会通过提升利率水平以吸引资本流入，其他国家则会经历资本流出、低投资、低增长，而低增长则为泡沫产生创造了环境；第二，贸易渠道。该机制短期内带来负溢出，长期带来正溢出。一国发生泡沫会通过财富渠道提升该国的产品需求和供给，短期内供给调整有限，需求效应占据主导，此时泡沫会导致其他国家贸易项的改善和实际升值，引起其他国家资产价格上涨；长期则供给效应占据主导，产生相反的结果。

命题4：股权资产泡沫通过利率渠道和贸易渠道在国家间传递

3.2　实证设计

3.2.1　基准模型

基于资产泡沫形成的理论文献，在基准研究中，本章使用以下的面板数据 Logit 模型来考察各因素对股权资产泡沫形成的效应[①]。

---

① 在模型设定中，我们不能将时间固定效应考虑进来，因为本章使用的是小 N（=20）和大 T（=64）的样本，意味着偶发参数问题会在时间维度上存在。另外，由于面板 Probit 模型无法刻画固定效应，因此本章使用面板 Logit 模型。

$$P(B_{it}=1)=\frac{e^{y_{it}}}{1+e^{y_{it}}} \tag{3-1}$$

$$y_{it}=\alpha_i+\beta X_{it}+\varepsilon_{it} \tag{3-2}$$

$$B_{it}=\begin{cases}1,\text{如果 } y_{it}>0\\0,\text{如果 } y_{it}\leqslant 0\end{cases} \tag{3-3}$$

其中，$i=(1,2,3,\cdots,I)$ 代表国家，$t=(1,2,3,\cdots,T)$ 代表时间，$P(\cdot)$ 表示事件发生的概率，B_{it} 是二元变量，表明了国家 i 在时间 t 股权泡沫的状态，当股权泡沫发生时，$B_{it}=1$，否则 $B_{it}=0$，后文将会看到泡沫的检验采用最新发展的 GSADF 方法，y_{it} 是不可观测的潜变量，服从方程（3－2）对应的决策规则，X_{it} 表示在理论文献中讨论的泡沫驱动因素①，包括交易量（tv）、资产价格波动率（pv）、利率（r）、M2 环比增长率（gm），私人信贷占 GDP 比重的环比增长率（$gcre$）、$gcre$ 的一阶滞后项（$L.gcre$）、人均消费环比增长率（gc）、gc 的一阶滞后项（$L.gc$）、外汇储备环比增长率（gfr）、gfr 的一阶滞后项（$L.gfr$）。β 是系数向量，α 代表国家固定效应，ε_{it} 是服从 logistic 分布的扰动项。方程（3－1）和方程（3－2）组成了面板数据 Logit 模型，采用条件 MLE 方法对该模型进行估计。

3.2.2 贝叶斯模型平均法

在选择泡沫驱动因素时，如文献综述部分所言，由于存在很多不同的资产泡沫形成理论且缺乏统一的理论解释，若实证分析中包含所有可能的驱动因素，可能会带来模型不确定问题（Leamer and Leonard，1983）。后文分析中，将采用贝叶斯模型平均（BMA）法来消除模型不确

① 3.2.3 部分会做更加详尽的变量选取规则及计算的论述。

定对基准实证结果带来的可能偏误。

贝叶斯模型平均的基本思想是将每个候选模型所估计参数进行加权平均。候选模型的个数取决于解释变量的个数，本章解释变量共10个，故候选模型个数为2^{10}(1024)个：

$$\hat{\psi}_{MA} = \sum_{k=1}^{1024} \omega_k \psi_k \tag{3-4}$$

其中，$\hat{\psi}_{MA}$为模型平均的模型参数向量，ψ_k为第k个模型的参数向量。

每个模型估计采用贝叶斯估计方法，参数后验分布（*Posterior Distribution*）为：

$$g(\psi^k \mid Y, M_k) = \frac{f(Y \mid \psi^k, M_k) g(\psi^k \mid M_k)}{f(Y \mid M_k)} \tag{3-5}$$

其中，Y为被解释变量，$g(\psi^k \mid Y, M_k)$为模型k参数的先验分布（*Prior Distribution*），$f(Y \mid \psi^k, M_k)$为似然函数（*Likelihood Function*）。

贝叶斯推断表明，可将后验模型概率作为模型平均的权重，给定模型k的先验概率为$P(M_k)$，通过贝叶斯方法可得模型的后验概率为：

$$P(M_k \mid Y) = \frac{f(Y \mid M_k) P(M_k)}{f(Y)} \tag{3-6}$$

即贝叶斯模型平均包括两个不同先验概率的设定，一个是参数空间（*Coefficient Space*）的先验概率$[g(\psi^k \mid M_k)]$，另一个是模型空间（*Model Space*）的先验概率$[P(M_k)]$。为计算式（3-6），需要先计算$f(Y \mid M_k)$，称为边际似然函数（*Marginal Likelihood Function*），结合式（3-4）以及$\int g(\psi^k \mid Y, M_k) d(\psi^k) = 1$，可计算得：

$$f(Y \mid M_k) = \int f(Y \mid \psi^k, M_k) g(\psi^k \mid M_k) d(\psi^k) \tag{3-7}$$

根据Leamer and Leonard（1983），所有模型参数的后验概率为：

$$g(\psi \mid Y) = \sum_{k=1}^{1024} P(M_k \mid Y) g(\psi^k \mid Y, M_k) \tag{3-8}$$

参数分布的均值作为点估计值：

$$E(\psi \mid Y) = \sum_{k=1}^{1024} P(M_k \mid Y) E(\psi^k \mid Y, M_k) \tag{3-9}$$

相应的参数方差为：

$$V(\psi \mid Y) = \sum_{k=1}^{1024} P(M_k \mid Y) V(\psi^k \mid Y, M_k) + \sum_{k=1}^{1024} P(M_k \mid Y) [E(\psi^k \mid Y, M_k) - E(\psi \mid Y)]^2 \tag{3-10}$$

我们可通过计算单个变量包含在回归方程中的后验概率来判断该变量的稳健程度，称为后验包含概率（*Posterior Inclusion Probability*, *PIP*），即所有包含该变量的模型的后验模型概率之和：

$$P(\psi_k \neq 0 \mid Y) = \sum_{\psi_k \neq 0} P(M_k \mid Y) \tag{3-11}$$

3.2.3 变量选取

（1）被解释变量

本章实证分析中的被解释变量是股权资产泡沫发生的概率，因此识别泡沫是本章的关键。Gürkaynak（2008）指出，尽管文献中提出很多种泡沫检验的方法，但实证中识别泡沫仍不容易。我们使用最新发展的广义上确界 ADF（GSADF, Phillips et al., 2015）方法来识别股权泡沫①。典型的检验方法包括 Shiller（1981）的方差界检验，West（1987）的两步检验，Diba and Grossman（1988）的单整协整检验，Froot and Obstfeld（1991）的内生泡沫检验，Phillips et al.（2011）的上确界 ADF 检验。Homm and Breitung（2012）以 NASDAQ 指数为例对比了以上方法在检验

① 该方法已经受到多家中央银行的高度关注，包括美国联邦储备银行、中国人民银行、德国中央银行、加拿大中央银行、韩国中央银行、香港金融管理局、法国中央银行、台湾中央银行、新加坡金融管理局、政府投资公司。引自：http：//www.mysmu.edu/faculty/yujun/。

股市泡沫时的效度，发现 Phillips et al.（2011）的方法要优于前者。而本章使用了 Phillips et al.（2015）提出的广义上确界 ADF 方法检测泡沫，该方法是在 Phillips et al.（2011）基础上的进一步优化，在识别多重泡沫时更有优势。

GSADF 方法本质上讲是基于以下回归模型的滚动窗口 ADF 检验：

$$\Delta p_t = \hat{\alpha}_{r_1,r_2} + \hat{\beta}_{r_1,r_2} p_{t-1} + \sum_{i=1}^{k} \hat{\psi}^{i}_{r_1,r_2} \Delta p_{t-i} + \hat{\varepsilon}_t \tag{3-12}$$

其中，p_t 是某个经济体在时间 t 的对数化股权资产价格，通过 SCI 准则确定最优滞后阶 k。方程（3－12）表明滚动窗口起始于全样本（T）的 r_1 比例部分，结束于 r_2 比例部分，$r_2 = r_1 + r_w$，$r_w > 0$ 是窗口的大小。传统的 ADF 统计量为 $ADF_{r_1}^{r_2}$。那么，GSADF 统计量可以如下方式计算：

$$GSADF(r_0) = sup(ADF_{r_1}^{r_2}), r_2 \in [r_0, 1] \text{ 和 } r_1 \in [0, r_2 - r_0] \tag{3-13}$$

其中，r_0 是窗口的最小宽度，通过规则 $r_0 = 0.01 + 1.8/\sqrt{T}$ 设定。通过对比 GSADF 统计量和模拟临界值的大小，可以识别出泡沫的开始与结束时间。模拟的临界值见 Phillips et al.（2015）。

以 S&P500 指数为例，实施 GSADF 检验。如图 3－2 所示，在样本期内 S&P500 指数出现了三次泡沫周期，第一次是 2000 年前后，对应于网络泡沫；第二次是 2008 年前后的次贷危机期间；第三次是 2014—2015 年前后的复苏阶段①。检验结果基本符合现实情况，可见 GASDF 方法具有一定的适用性②。

① 2014—2015 年，S&P500 指数达到 2000 点以上的历史高位，是进入 21 世纪以来的最高阶段，而这显然不是经济基本面所支撑的，因为 2008 年金融危机后美国实体经济一直处于缓慢复苏的阶段。甚至 Market Watch 专栏作家 Brett Arends 曾撰文指出 2014 年是美国股市历史上的第三大泡沫（参见：http：//finance. sina. com. cn/stock/usstock/comment/20140812/023619979148. shtml）。

② 本章样本内其他国家的检验结果同样符合现实情况。

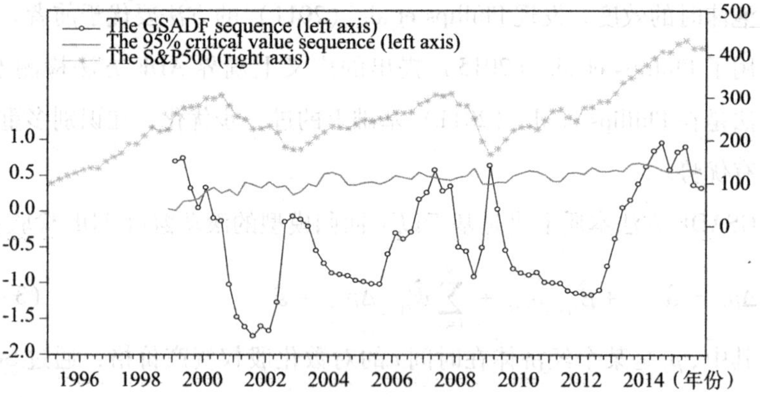

图 3－2 GSADF 法检验 S&P500 中的泡沫

（2）解释变量

通过检索泡沫形成的理论文献，我们在回归分析中将包含十个可能的泡沫驱动因素①。

根据 Scheinkman and Xiong（2003）的研究，交易量和价格波动率是泡沫的潜在驱动因素，因此在本章回归分析将二者加入。为更具代表性，本章在计算价格波动率时使用的是四种波动率测度的主成分，四种测度方式分别由 Gallant et al.（1999），Parkinson（1980），German and Klass（1980）和 Rogers and Satchel（1991）提出，分别对应于方程（3－14）至（3－17）。

$$pv1 = ln(HP) - ln(LP) \tag{3-14}$$

$$pv2 = 0.361\left[ln\left(\frac{HP}{LP}\right)\right]^2 \tag{3-15}$$

$$pv3 = 0.5[ln(HP) - ln(LP)]^2 - (2ln2 - 1)[ln(CP) - ln(OP)]^2 \tag{3-16}$$

$$pv4 = [ln(HP) - ln(OP)][ln(HP) - ln(CP)]$$

① 包括其中三个变量的滞后项。滞后项的加入能在一定程度上缓解变量可能的内生性对结论造成的偏误（Chen，2014）。

$$+ [ln(LP) - ln(OP)][ln(LP) - ln(CP)] \quad (3-17)$$

其中，*HP*、*LP*、*OP* 和 *CP* 分别表示最高价、最低价、开盘价和收盘价，*ln* 表示取对数。

根据 Galí（2014）和 Galí and Gambetti（2015）的研究，以及不同国家间货币政策规则的差异性，本章选取货币 M2 环比增长率和利率[①]作为股权泡沫的可能驱动因素。基于信贷驱动泡沫理论（Miao et al.，2015；Jordà et al.，2015），本章将银行对私人信贷占 GDP 比重的环比增长率作为股权泡沫驱动因素之一。根据 Ventura（2012）和 Martin and Ventura（2015）对输入型资产泡沫的研究，本章将外汇储备环比增长率作为一国对冲输入型泡沫的工具，其增长率越大，意味着该国有更加充分的外汇储备以干预泡沫传染，相应地，本国发生泡沫的概率下降。

除此之外，根据消费资本资产定价模型（CCAPM），代表性个体会在生命周期内平滑消费，一阶条件满足 $u'(c_{t+1}) = \beta_t u'(c_t)$，此处假设贴现系数时变，Campbell and Cochrane（1999）认为，贴现系数的时变性可能是资产价格异象的一种非泡沫解释，经计算可知消费增长率可以近似代表贴现系数。另外，消费的变动也是经济基本面变动的良好代理。因此本章将个人消费环比增长率纳入回归分析。

进一步，本章通过加入私人信贷占 GDP 比重的环比增长率、外汇储备环比增长率、人均消费环比增长率的滞后项以考察变量对泡沫发生概率的跨期效应，使用 AIC 准则确定滞后阶数为一阶。

3.2.4 数据处理与统计描述

为使研究更具普遍性，在基准分析中，本章使用 20 个代表性国家，

① 基于数据可得性，本章选取一年期存款利率。

既包括 OECD 国家也包括新兴市场国家，所选国家均属于摩根士丹利公司编制的新兴市场国家指数或发达国家指数。使用2000 年至2015 年的季度经济金融数据开展股权泡沫驱动因素的实证研究。包含的国家和股票指数见附录。另外，本章使用 X12 方法对变量进行去季节性处理，以2000 年第一季度为基期，将名义变量转化成实际变量。

如表 3 - 1 所示，各国之间潜在的泡沫驱动因素的均值有较大差异，这对应于各国股权泡沫发生的差异。交易量最大值和最小值分别出现在中国和阿根廷，分别为26. 343 和20. 131。俄罗斯股权资产价格波动率是澳大利亚的2. 6 倍。如前所述，利率和货币增长率共同反映了一国货币政策的基本状态，利率最小值为日本的 0. 113%，最大值为巴西的14. 413%，相应的货币增长率最小值为日本的0. 614%，最大值为俄罗斯的6. 375%。银行信贷增速最小值为日本的 0. 163%，最大值为中国的4. 490%。个人消费增长率最小值为日本的 0. 008%，最大值为阿根延的4. 930%。外汇增长率方面，最小值为德国的 -0. 512%，最大值为俄罗斯的7. 180%。

表 3 - 1　　回归分析中各国家各变量样本期内均值

国家	*tv*	*pv*	*r*	*gm*	*gcre*	*gc*	*gfr*
美国	24. 873	0. 065	1. 894	1. 547	1. 444	1. 003	0. 744
阿根廷	**20. 131**	0. 141	12. 413	5. 717	0. 638	**4. 930**	0. 319
澳大利亚	24. 315	**0. 056**	4. 739	1. 995	2. 743	1. 621	2. 736
巴西	25. 521	0. 108	**14. 413**	3. 562	2. 525	2. 792	4. 360
加拿大	23. 028	0. 063	2. 478	1. 533	1. 587	1. 086	1. 541
中国	**26. 343**	0. 102	3. 326	3. 935	**4. 490**	4. 053	5. 784
法国	22. 692	0. 082	2. 186	1. 443	1. 700	0. 727	0. 210
德国	22. 607	0. 093	2. 186	1. 110	0. 929	0. 647	**-0. 512**

续表

国家	*tv*	*pv*	*r*	*gm*	*gcre*	*gc*	*gfr*
希腊	21.088	0.121	2.405	1.443	1.888	0.611	4.406
印度	21.173	0.099	6.645	3.250	2.828	3.337	3.967
日本	24.891	0.088	**0.113**	**0.614**	**0.163**	**0.008**	2.581
韩国	23.933	0.090	3.941	1.917	2.201	1.497	2.695
墨西哥	22.837	0.083	7.430	2.719	1.650	1.810	3.028
荷兰	22.614	0.084	2.186	1.443	1.345	0.514	0.954
葡萄牙	21.452	0.069	2.186	1.443	1.852	0.741	0.479
俄罗斯	22.376	**0.147**	8.897	**6.375**	2.518	3.883	**7.180**
新加坡	23.447	0.069	0.793	1.777	2.334	1.036	2.272
西班牙	23.502	0.088	2.186	1.443	2.091	0.803	0.213
泰国	25.496	0.090	2.300	1.722	1.771	1.552	2.907
英国	25.007	0.063	3.089	1.664	1.625	0.852	2.235

注：本表列示了回归分析中各变量的样本期内均值，各变量定义参见附录。加粗体表示该数值在本列中为最大或最小。

通过表3-1的均值分析可以看到，每个变量的最大值往往出现在新兴市场国家，而最小值往往出现在成熟市场国家。这在一定程度上与观测事实一致，即新兴市场国家与成熟市场化国家相比会遭遇频率更高、强度更大的股权泡沫。

表3-2列示了各变量样本期内的基本统计量。与表3-1类似，每个变量均表现出较大差异，意味着股权泡沫在不同时期发生概率会有较大差异①。外汇储备增长率是变动最大的变量，其标准差为17.613，样本期内最小值为-63.656%，最大值为483.952%。

① 尽管在本章设定中，时间固定效应可能也是显著的，但出于偶发参数问题的考虑，参考Schularick and Taylor（2012）的设定未考虑时间固定效应。

表 3-2　　　　回归分析中各变量样本期内统计量

变量	均值	标准差	最小值	最大值	观测值个数
tv	23.366	1.901	15.584	28.918	1267
pv	0.090	0.053	0.019	0.427	1280
r	4.290	4.954	-0.100	67.330	1280
gm	2.333	2.739	-11.569	34.819	1260
gcre	1.916	5.224	-31.926	21.065	1260
gc	1.649	4.089	-9.826	30.599	1246
gfr	2.405	17.613	-63.656	483.952	1160

注：本表列示了回归分析中各变量样本期内的基本统计量，包括均值、标准差、最小值、最大值和观测值个数，各变量定义参见附录。

3.3　实证结果与分析

通常情况下，可使用混合最小二乘（PLS）、固定效应（FE）和随机效应（RE）三种方法估计面板数据模型。本章分析中，通过使用 Hausman 检验拒绝了 PLS 和 RE 的设定，因此本章仅汇报 FE 模型的估计结果。

3.3.1　基准结论

为保证实证结论的稳健性，本章通过逐步增加变量（stepwise selection）的策略分别对 Logit 模型进行估计①，基准结论如表 3-3 所示，其中，回归（1）至回归（5）仅考察了股权泡沫与潜在驱动因素之间的当期效应，回归（6）在回归（5）基础上考察了跨期效应，回归（7）在回归（6）基础上加入了其他控制变量以检验结论的稳健性。

① 本章采用逐步回归法主要是为了克服变量间可能的多重共线性问题，是文献里常用的方式。

表 3－3　　股权资产泡沫驱动因素的实证研究：面板 Logit 回归分析

变量	回归（1）	回归（2）	回归（3）	回归（4）	回归（5）	回归（6）	回归（7）
tv	0.1932**	0.2779***	0.2937***	0.2450***	0.3001***	0.3137***	0.3161***
	[0.0853]	[0.0936]	[0.0963]	[0.0969]	[0.1031]	[0.1072]	[0.1075]
pv	6.2796***	9.6772***	8.5949***	8.3721***	8.2298***	6.7937***	6.7768***
	[1.7957]	[2.0864]	[2.1088]	[2.1246]	[2.2240]	[2.2589]	[2.2602]
r		0.0561**	0.0500**	0.0515**	0.0413*	0.0475*	0.0436
		[0.0234]	[0.0237]	[0.0235]	[0.0249]	[0.0278]	[0.0305]
gm		0.2155***	0.2045***	0.2074***	0.1949***	0.1920***	0.1924***
		[0.0382]	[0.0384]	[0.0398]	[0.0399]	[0.0419]	[0.0422]
gcre			0.0814***	0.0770***	0.0734***	0.0737***	0.0742***
			[0.0173]	[0.0174]	[0.0181]	[.0188]	[0.0188]
L. gcre						0.0740***	0.0747***
						[0.0191]	[0.0192]
gc				0.0258	0.0350*	0.0457*	0.0450*
				[0.0200]	[0.0208]	[0.0239]	[0.0241]
L. gc						0.0224	0.0224
						[0.0225]	[0.0226]
gfr					0.0025	0.0023	0.0023
					[0.0043]	[0.0047]	[0.0047]
L. gfr						0.0035	0.0035
						[0.0038]	[0.0039]
Inf							0.0351
							[0.031]
gdp							0.2110**
							[0.0992]
Gini							0.0793***
							[0.0140]
Market							0.1320
							[0.1103]

续表

变量	回归（1）	回归（2）	回归（3）	回归（4）	回归（5）	回归（6）	回归（7）
ll	-506.006	-473.319	-461.626	-455.955	-411.310	-393.981	-393.930
伪 R^2	0.0174	0.0591	0.0824	0.0832	0.0836	0.1053	0.1054
$LR\chi^2$	17.90	59.48	82.86	82.74	75.00	92.76	92.86
N	1267	1248	1248	1234	1136	1117	1117

注：本表列示了各变量的系数与标准误（中括号内）。*ll* 表示对数似然。*、** 和 *** 分别表示在 10%、5% 和 1% 水平上显著。

实证结论与 Scheinkman and Xiong（2003）的理论分析一致，交易量和价格波动率是股权资产泡沫的显著驱动因素，尤其是价格波动率解释能力很强，这与 Narayan et al.（2013）的实证研究结论一致。交易量（*tv*）的系数在 5% 或 1% 水平上显著且系数为正，表明交易量越大，意味着股权泡沫发生的概率越大。经过简单转换，交易量一单位标准误的增加会使股权泡沫发生的概率上升 1.65—3.40 个百分点[①]。平均来看，交易量对泡沫发生的边际效应为 0.1，表明交易量每增加一单位会使泡沫发生概率上升 0.1%。价格波动率（*pv*）的系数在 1% 的水平上正向显著，表明股权资产价格波动程度越高，泡沫发生的概率越大。平均来看，价格波动率的边际效应为 2，表明价格波动率每上升一个单位会使泡沫发生概率上升 2%。

与近期研究文献一致，“逆风而动”的货币政策被认为是驱动股权资产泡沫的因素之一，本实证结论证实了该观点。不考虑控制变量时，利率（*r*）的系数在 5% 或 10% 水平上正向显著，该结论与 Galí（2014）和 Galí and Gambetti（2015）一致。但当加入控制变量后，利率的系数不再显著。本章实证结论表明，货币增长率（*gm*）的系数在所有的回归设定中都在 1% 水平上正向显著。系数的边际效应为 0.5，表明货币供给对

① 系数与标准误的乘积。

资产泡沫发生有实际影响，因此货币政策的资产泡沫渠道值得更多的关注。本章结论表明，信贷增长包括当期（*gcre*）和一阶滞后期（*L.gcre*）的系数在1%水平上正向显著作用于股权泡沫发生。信贷增长的边际效应约为0.5，意味着每单位信贷扩张会使股权泡沫发生的概率上升0.5%。本章结论与近期的信贷驱动泡沫理论一致。

本实证结论表明，个人消费和外汇储备的变动不是股权泡沫发生的驱动因素，说明资产价格异象的非泡沫解释是值得怀疑的①，外汇储备未能发挥对冲泡沫跨国传染的作用。

在回归（7）中，增加了四个控制变量，包括通货膨胀（*Inf*）、产出增长（*gdp*）、Gini系数（*Gini*）、市场化指数（*Market*），结果表明，前文主要实证结论基本未发生变化，证明了结论的稳健性②。

3.3.2　泡沫强度

为更加深入分析，本章引入泡沫强度的概念，泡沫强度是指资产价格偏离其基础价值的程度。由于GSADF方法只能识别泡沫，不能对泡沫强度进行量化，因此需要改变泡沫识别策略。本章使用直观的HP滤波法提取趋势性成分，并将其定义为资产基础价值，将资产价格偏离基础价值一定阈值定义为泡沫，通过变化不同阈值，可以识别出不同强度的股权泡沫。Lowe and Borio（2002），Detken and Smets（2004）和Goodhart and Hofmann（2008）使用该方法定义了房地产泡沫。

为考察潜在驱动因素对不同强度资产泡沫影响的差异性，本章尝试

① 需要指出的是，消费增长率只是时变折现系数的一个粗糙代理变量，可能并不能完全反映折现系数变动对资产价格异象的解释，需要更加深入的研究。

② 囿于篇幅，仅在表3-3中列示控制变量的结果，其他回归中控制变量引入均不影响主要实证结论，结果备索。

多个阈值后发现0.1—0.15在研究样本内是合理的区间，如果阈值小于0.1，无法排除股权市场噪声的干扰，如果大于0.15，会将大多数资产泡沫排除。显然，阈值越大，可以识别出更加严重的股权泡沫。表3-4列示了将阈值设定为0.1、0.12、0.15的实证结果，回归（1）（3）（5）未包含控制变量，回归（2）（4）（6）包含了控制变量。

与基准结论一致，在三种情形下，*pv*、*r*、*gm*、*gcre* 和 *L. gcre* 都是股权泡沫的稳健驱动因素。然而，当阈值设定为0.15时，交易量（*tv*）不再是股权泡沫的显著驱动因素，意味着交易量对严重股权泡沫的发生没有解释力，出现这种情况的可能原因是由于企业IPO及增发数量有限，短期内股权资产交易的数量是受限的。与基准结论不同的是，表3-4的结论表明，*gc* 和 *gfr* 是股权泡沫的显著正向驱动因素，但各变量系数的显著水平会随泡沫强度增大而降低，它们对股权泡沫的边际效应约为0.5。这些结论意味着，严重的股权泡沫可预测性更差，需要更多的关注。

表3-4　　不同强度股权资产泡沫驱动因素的实证研究

变量	回归（1）	回归（2）	回归（3）	回归（4）	回归（5）	回归（6）
	P-HP>0.1	P-HP>0.1	P-HP>0.12	P-HP>0.12	P-HP>0.15	P-HP>0.15
tv	0.1729**	0.1604*	0.2541**	0.2386**	0.1691	0.1550
	[0.0878]	[0.0878]	[0.1003]	[0.1002]	[0.1038]	[0.1036]
pv	5.2277***	5.2836***	5.1976***	5.2456***	5.3493**	5.4960***
	[1.8130]	[1.8045]	[1.9187]	[1.9066]	[2.0959]	[2.0895]
r	0.1082***	0.1410***	0.1178***	0.1611***	0.0974***	0.1370***
	[0.0244]	[0.0344]	[0.0258]	[0.0379]	[0.0254]	[0.0366]
gm	0.1388***	0.1291***	0.1595***	0.1470***	0.1545***	0.1596***
	[0.0383]	[0.0377]	[0.0419]	[0.0412]	[0.0420]	[0.0418]
gcre	0.0445***	0.0437***	0.0414**	0.0403**	0.0614***	0.0580***
	[0.0159]	[0.0158]	[0.0172]	[0.0171]	[0.0186]	[0.0184]
L. gcre	0.0586***	0.0543***	0.0558***	0.0502***	0.0550***	0.0503***
	[0.0159]	[0.0162]	[0.0171]	[0.0174]	[0.0186]	[0.0191]

续表

变量	回归（1） P－HP＞0.1	回归（2） P－HP＞0.1	回归（3） P－HP＞0.12	回归（4） P－HP＞0.12	回归（5） P－HP＞0.15	回归（6） P－HP＞0.15
gc	0.0399**	0.0451**	0.0410*	0.0474**	0.0392*	0.0444*
	[0.0203]	[0.0206]	[0.0211]	[0.0215]	[0.0223]	[0.0227]
L. gc	0.0352*	0.0352*	0.0273	0.0272	0.0242	0.0230
	[0.0197]	[0.0198]	[0.0206]	[0.0208]	[0.0217]	[0.0217]
gfr	0.0209**	0.0210***	0.0210***	0.0213***	0.0189**	0.0193**
	[0.0077]	[0.0078]	[0.0081]	[0.0081]	[0.0085]	[0.0085]
L. gfr	0.0119*	0.0128*	0.0140*	0.0153*	0.0113	0.0123
	[0.0072]	[0.0073]	[0.0078]	[0.0079]	[0.0074]	[0.0077]
控制变量	No	Yes	No	Yes	No	Yes
ll	－512.715	－511.472	－461.358	－459.589	－402.611	－400.734
伪 R^2	0.0875	0.0897	0.0922	0.0956	0.0904	0.0947
$LR\ \chi^2$	98.31	100.80	93.67	97.21	80.05	83.81
N	1117	1117	1117	1117	1117	1117

注：本表列示了各变量的系数与标准误（中括号内）。*ll* 表示对数似然。*、** 和 *** 分别表示在10%、5%和1%水平上显著。

3.4　稳健性检验

为考察基准结论的稳健性，本章以五种方式重新估计了潜在驱动因素对股权泡沫的影响。第一，根据制度金融学的研究文献，将多个制度变量加入实证模型；第二，解决了本实证研究中可能的内生性问题；第三，使用更加高频的月度数据替换基准研究中的季度数据；第四，考虑了资产泡沫发生的持续性，构建动态的面板 Logit 模型；第五，使用贝叶斯模型平均法克服本章设定中可能存在的模型不确定问题。

3.4.1 制度因素

制度金融学的文献表明，制度变量是影响金融表现的重要因素，而一国金融市场的规模、金融市场完备程度等都会对资产泡沫的发生产生作用（王永钦等，2016），因此本章将制度变量引入实证分析，在对基本结论稳健性进行考察的同时又丰富了本章的研究结论。

根据 La Porta et al.（1997，1998）的系列研究，认为一国法律制度起源（*ls*）对其金融市场的发展会产生显著影响，Djankov et al.（2008）研究认为，一国对小投资者的保护力度（*pmi*）也是决定其金融市场发展程度的制度因素。除此之外，本章还考察了政府透明度（*gt*，Chinn and Ito，2006）和卖空约束（*ss*，Scheinkman and Xiong，2002）两个制度变量对股权泡沫产生的影响。①

如表 3 -5 所示，加入制度变量后，本章基准结论仍然成立。需要强调的是，本章所使用的四个制度变量中，小投资者保护力度和卖空约束均是股权资产泡沫的显著驱动因素。虽然统计意义上法律起源并不是股权泡沫的显著驱动因素，但普通法（或英美法）法系（$ls = 1$）的国家由于其对投资者保护程度较高，与民法（或大陆法）法系国家相比会更小概率发生股权资产泡沫，这与 La Porta et al.（1997，1998）的研究结论一致，同理，具有较高小投资者保护水平（*pmi* 取值越大）的国家发生股权资产泡沫的概率也会降低。有趣的是，本章发现政府透明度越高（*gt* 取值越大）的国家，发生股权资产泡沫的概率越大，作者认为政府透明度高一定程度上意味着政府通过调控资产价格以达到政策目的的成

① 法律起源数据来源于 La Porta et al.（1997），小投资者保护力度数据来源于世界银行发布的各期《全球营商环境报告》，政府透明度数据来源于透明国际组织的报告，卖空约束数据来源于 Gromb and Vayanos（2010）。

本越高，因此政策制定者会较少关注资产价格波动，也即本章样本内股权资产泡沫发生的概率越大。存在卖空约束（ $ss=1$ ）的国家，投资者套利的成本更高，资产发生错误定价的可能性会降低（Gromb and Vayanos，2010；朱宏泉等，2016），股价跳跃风险降低和过度投机减少（李志生等，2015），因此股权资产泡沫发生的概率小。

表3-5　股权资产泡沫驱动因素的实证研究：制度因素

变量	回归（1）① *ls*	回归（2） *pmi*	回归（3） *gt*	回归（4） *ss*
制度变量	-0.0654	-0.0391***	0.0892	-14.1683***
	[0.189]	[0.0046]	[0.324]	[5.7029]
tv	0.1150***	0.5294***	0.3273***	0.3360***
	[0.0419]	[0.1883]	[0.1074]	[0.1077]
pv	7.0884***	10.1121***	6.1444***	7.2640***
	[2.0884]	[2.9738]	[2.2692]	[2.2789]
r	0.0773***	-0.5756***	-0.0301	-0.0514*
	[0.0181]	[0.0777]	[0.0284]	[0.0279]
gm	0.1816***	0.2749***	0.1950***	0.1919***
	[0.0357]	[0.0650]	[0.0408]	[0.0420]
gcre	0.0611***	0.1328***	0.0727***	0.0734***
	[0.0176]	[0.0276]	[0.0187]	[0.0188]
L.gcre	0.0615***	0.0971***	0.0734***	0.0742***
	[0.0177]	[0.0280]	[0.0191]	[0.0191]
gc	0.0341*	0.0323	0.0467*	0.0007
	[0.0197]	[0.0372]	[0.0242]	[0.0005]
L.gc	0.0149	0.0111	0.0222	0.0449*
	[0.0193]	[0.0357]	[0.0227]	[0.0235]

① 由于法律制度起源为非时变变量，在面板模型估计时会被删除，因此该处使用了混合Logit模型。

续表

变量	回归（1） *ls*	回归（2） *pmi*	回归（3） *gt*	回归（4） *ss*
gfr	0.0026	0.0061	0.0030	0.0022
	[0.0045]	[0.0051]	[0.0043]	[0.0047]
L.gfr	0.0046	0.0057	0.0039	0.0034
	[0.0038]	[0.0049]	[0.0038]	[0.0038]
控制变量	Yes	Yes	Yes	Yes
ll	-461.1842	-212.3833	-390.0210	-391.1200
伪 R^2	0.1290	0.3045	0.1143	0.1118
$LR\chi^2$	136.59	185.99	100.68	98.48
N	1117	700	1117	1117

注：本表列示了各变量的系数与标准误（中括号内）。*ll* 表示对数似然。*、** 和 *** 分别表示在 10%、5% 和 1% 水平上显著。

3.4.2 内生性问题

本章虽然在基准回归中已经加入了解释变量和控制变量的滞后项，从一定程度上可减轻或克服内生性问题，但为更加准确地避免可能的内生性问题对本章研究结论造成的影响，我们使用工具变量法做进一步的分析。前文关于制度变量的分析，为我们寻找工具变量提供了思路。本章选取法律起源（*ls*）和政府透明度（*gt*）分别作为交易量（*tv*）和价格波动率（*pv*）的工具变量。以这两个变量作为工具变量，原因在于：第一，各国的法律起源通常源自占领或殖民（La Porta et al.，1998），意味着法源是外生的，而政府透明度相对于股权泡沫产生也可认为是外生的；第二，现有研究已经表明，法律起源和政府透明度是决定交易量和价格波动率的制度变量。进一步，参考张璟和刘晓辉（2015），使用 IV probit 进行回归分析。表 3-6 列出了工具变量法下的回归结果，结果与基准结论基本一致，表明了实证结论的稳健性以及本实证研究不存在严重的内生性问题。

表3-6　　股权资产泡沫驱动因素的实证研究：工具变量法

变量	回归（1）	回归（2）
	TSE	MLE
tv	0.3177***	0.1741***
	[0.0266]	[0.0339]
pv	6.5158***	10.2507**
	[0.6867]	[4.8306]
r	0.0182	0.1442***
	[0.0210]	[0.0251]
gm	0.0832***	0.1057***
	[0.0241]	[0.0308]
gcre	0.0380***	0.0487***
	[0.0114]	[0.0180]
L. gcre	0.0393***	0.0313*
	[0.0121]	[0.0184]
gc	0.0359**	0.0063
	[0.0157]	[0.0183]
L. gc	0.0235	0.0104
	[0.0150]	[0.0172]
gfr	0	0.0003
	[0.0032]	[0.0034]
L. gfr	0.0009	0.0017
	[0.0031]	[0.0030]
控制变量	Yes	Yes
N	1117	1117

注：本表列示了各变量的系数与标准误（中括号内）。*、** 和 *** 分别表示在10%、5%和1%水平上显著。MLE 和 TSE 分别指极大似然估计和两步法估计。

3.4.3 月度数据

本章使用月度数据重新估计了基准模型，实证结果如表 3－7 所示，所得结论与基准结论一致。交易量和价格波动率在 1% 水平上正向显著，是股权资产泡沫的稳健驱动因素。货币增长率也在 1% 水平上显著正向作用于股权泡沫的发生。由于使用的是月度数据，信贷增速的动态效应在短期内不再存在。需要强调的是，对比表 3－7 和表 3－3 可发现，使用月度数据模型的拟合程度要明显低于使用季度数据，证明了本章基准研究中使用季度数据的合理性。

表 3－7　股权资产泡沫驱动因素的实证研究：基于月度数据的面板 Logit 回归

变量	回归（1）	回归（2）	回归（3）	回归（4）	回归（5）	回归（6）	回归（7）
tv	0.1475***	0.1653***	0.1669***	0.1685***	0.1674***	0.1727***	0.1717***
	[0.0491]	[0.0503]	[0.0506]	[0.0506]	[0.0507]	[0.0513]	[0.0521]
pv	8.9849***	8.6701***	8.7492***	8.6105***	8.6658***	8.8184***	8.4340***
	[1.9045]	[1.9305]	[1.9258]	[1.9270]	[1.9322]	[1.9465]	[1.9768]
r		−0.0201	−0.0226	−0.0211	−0.0205	−0.0188	−0.0241
		[0.0157]	[0.0160]	[0.0161]	[0.0161]	[0.0164]	[0.0176]
gm		0.0616***	0.0599***	0.0588***	0.0585***	0.0569***	0.0530***
		[0.0196]	[0.0197]	[0.0198]	[0.0198]	[0.0200]	[0.0203]
gcre			0.0384*	0.0388*	0.0391*	0.0416*	0.0387*
			[0.0208]	[0.0208]	[0.0208]	[0.0209]	[0.0215]
L. gcre						0.0188	0.0173
						[0.0231]	[0.0244]
gc				0.0007	0.0007	0.0004	0.0003
				[0.0005]	[0.0005]	[0.0006]	[0.0006]
L. gc						0.0008	0.0007
						[0.0006]	[0.0006]

续表

变量	回归（1）	回归（2）	回归（3）	回归（4）	回归（5）	回归（6）	回归（7）
gfr					0.0023	0.0033	0.0039
					[0.0043]	[0.0044]	[0.0042]
L. gfr						0.0047	0.0049
						[0.0041]	[0.0042]
控制变量	No	No	No	No	No	No	Yes
ll	-1508.444	-1500.622	-1496.258	-1495.311	-1495.178	-1485.684	-1368.469
伪 R^2	0.0105	0.0143	0.0147	0.0152	0.0153	0.0186	0.0202
$LR\ \chi^2$	31.88	43.41	44.35	46.24	46.51	49.99	46.60
N	3648	3623	3623	3623	3623	3604	3401

注：本表列示了各变量的系数与标准误（中括号内）。*ll* 表示对数似然。* 、** 和 *** 分别表示在 10%、5% 和 1% 水平上显著。

3.4.4 泡沫持续性

根据 Chen（2015）的实证结论，股权泡沫发生的概率可能会表现出持续性或惯性，即前一季度发生泡沫意味着本季度发生泡沫的概率更大。本章加入被解释变量的一阶滞后和二阶滞后变量。根据 Chen（2015），Logit 模型下实施差分 GMM 或系统 GMM 估计很困难，本章研究样本的长面板特征（$N=20$，$T=64$）意味着动态面板偏误可以忽略。因此本章仍使用基准实证中的 FE 面板 Logit 模型进行估计，实证结果如表3 - 8 所示。

表 3 - 8 结果表明，股权泡沫展现出较强的持续性，股权泡沫的一阶滞后（*L. B*）的系数在 1% 水平上显著。其他结论与基准研究一致，表明了研究结论的稳健性。交易量（*tv*）、价格波动率（*pv*）、货币增长率（*gm*）、信贷增长率（*gcre*）及其一阶滞后项（*L. gcre*）仍是股权资产泡沫的稳健驱动因素。而且，对比表 3 - 8 和表 3 - 3 的伪 R^2 可见，

考虑股权泡沫持续性的模型拟合程度是基准设定的五倍，再次证明了股权泡沫具有较强的持续性。

表 3-8　　股权资产泡沫驱动因素的实证研究：考虑泡沫持续性

变量	回归（1）	回归（2）	回归（3）	回归（4）	回归（5）	回归（6）	回归（7）
L. B	3.6612***	3.6288***	3.6098***	3.5968***	3.8203***	3.8183***	3.8219***
	[0.3004]	[0.3028]	[0.3037]	[0.3040]	[0.3421]	[0.3431]	[0.3436]
L2. B	0.5506*	0.5501*	0.4936	0.4797	0.2668	0.2680	0.2655
	[0.3196]	[0.3214]	[0.3233]	[0.3235]	[0.3676]	[0.3687]	[0.3690]
tv	0.2189*	0.2790**	0.2647*	0.2436*	0.2689*	0.2486*	0.2516*
	[0.1314]	[0.1391]	[0.1408]	[0.1421]	[0.1509]	[0.1530]	[0.1530]
pv	10.0657***	12.3962***	11.5537***	11.6121***	11.8155***	11.7031***	11.6630***
	[2.7359]	[3.0335]	[3.0488]	[3.0602]	[3.2604]	[3.2844]	[3.2901]
r		0.0075	0.0181	0.0186	0.0067	0.0115	0.0041
		[0.0394]	[0.0363]	[0.0373]	[0.0437]	[0.0444]	[0.0522]
gm		0.1604***	0.1693***	0.1708***	0.1685***	0.1638***	0.1611***
		[0.0453]	[0.0443]	[0.0445]	[0.0475]	[0.0476]	[0.0483]
gcre			0.0582**	0.0573**	0.0534**	0.0585**	0.0598**
			[0.0229]	[0.0229]	[0.0246]	[0.0252]	[0.0257]
L. gcre						0.0478*	0.0484*
						[0.0279]	[0.0279]
gc				0.0083	0.0218	0.0103	0.0104
				[0.0289]	[0.0300]	[0.0324]	[0.0324]
L. gc						-0.0320	-0.0311
						[0.0309]	[0.0311]
gfr					-0.0023	-0.0043	-0.0043
					[0.0111]	[0.0122]	[0.0122]
L. gfr						0.0045	0.0045
						[0.0049]	[0.0049]
控制变量	No	No	No	No	No	No	Yes

续表

变量	回归（1）	回归（2）	回归（3）	回归（4）	回归（5）	回归（6）	回归（7）
ll	-258.275	-251.472	-248.274	-247.257	-218.104	-215.643	-215.604
伪 R^2	0.4780	0.4918	0.4982	0.4948	0.5052	0.5103	0.5104
$LR\chi^2$	473.03	486.63	493.03	484.30	445.44	449.43	449.51
N	1229	1229	1229	1216	1118	1117	1117

注：本表列示了各变量的系数与标准误（中括号内）。*ll* 表示对数似然。*、** 和 *** 分别表示在10%、5%和1%水平上显著。

3.4.5 BMA法

由于本章的基准设定中包含的股权泡沫潜在驱动因素较多，可能带来模型不确定性问题。为克服该问题，本章使用贝叶斯模型平均（BMA）法①对模型进行稳健性检验。该模型的估计结果如表3-9所示。表3-9的第（2）至（4）列列示了BMA分析中的基本统计量，包括系数的后验包含概率（*PIP*）、系数的后验条件均值（*P. con mean*）及系数的后验条件标准误（*P. con sd*）。表3-9的第（5）至第（9）列列示了五个后验模型概率（*P. P*）最大的模型。

根据Raftery（1995）的经验准则，变量的后验包含概率介于50%和75%之间时，该变量被认为是弱稳健（weak），当后验包含概率介于75%和95%之间时，被认为是稳健（positive），当后验包含概率介于95%和99%之间时，被认为是强稳健（strong），当后验包含概率大于99%时，被认为是极强稳健（very strong）。一般来讲，表3-9说明基准结论中的六个显著驱动因素在BMA分析中也是稳健的，证明了基准结论的稳健性。而且，六个变量系数后验条件均值和后验条件标准误的比率都大于2，尽

① 贝叶斯模型平均法的具体实施及其在经济学中的应用介绍可参见Moral-Benito（2015）。

管在贝叶斯框架下该比率不服从通常的 t 分布，但该比率大于 2 意味着大约 95% 的贝叶斯覆盖区域内该系数显著不为零（González - Aguado and Moral - Benito，2013）。

表 3-9　股权资产泡沫驱动因素的实证研究：基于混合 BMA - Logit 模型

变量	*PIP*	*P. con mean*	*P. con sd*	模型（1）	模型（2）	模型（3）	模型（4）	模型（5）
tv	63.6	0.1183	0.0418	0.119		0.114		0.121
pv	100.0	6.8367	2.0262	6.930	6.580	6.880	6.550	6.993
r	100.0	0.0795	0.0181	0.081	0.078	0.078	0.076	0.082
gm	100.0	0.2079	0.0347	0.205	0.214	0.192	0.200	0.203
gcre	100.0	0.0642	0.0175	0.066	0.063	0.063	0.060	0.065
L. gcre	94.3	0.0610	0.0177	0.062	0.059	0.064	0.060	0.061
gc	10.0	0.0319	0.0188			0.030	0.034	
L. gc	0	0	0					
gfr	0	0	0					
L. gfr	3.2	0.0051	0.0038					0.005
cons	100	-0.4665	1.5581	0.5541	-2.244	0.419	-2.265	0.597
BIC				-6863	-6862	-6859	-6858	-6858
P. P				0.522	0.289	0.056	0.044	0.032

注：本表列示了贝叶斯模型平均法的估计结果。*PIP* 表示系数的后验包含概率，*P. con mean* 表示系数的后验条件均值，*P. con sd* 表示系数的后验条件标准误，*P. P* 表示后验模型概率。

五个最优模型的累计后验模型概率达 0.943，意味着基于这五个模型进行股权泡沫发生概率的预测具有极高的可信度。因此，基准设定中潜在的模型不确定性问题得以解决。

3.5　本章小结

资产价格泡沫作为一种重要的经济现象受到政策制定者和学术界的

广泛关注，学术界对其进行了大量的理论研究，但鲜有文献进行资产泡沫的实证研究。作为资产泡沫理论研究的补充，本章以理性资产泡沫理论为依据，实证考察了股权资产泡沫的稳健驱动因素，丰富了该领域的实证研究。

本章以20个代表性国家2000年至2015年的金融经济数据为研究样本，使用最新发展的泡沫识别策略及面板Logit模型，确定股权资产泡沫的稳健驱动因素。本章的主要研究结论包括：第一，资产交易量及价格波动率在全样本中是股权资产泡沫的稳健驱动因素，但按照泡沫强度进行划分后，资产交易量不再是严重资产泡沫的驱动因素；第二，货币政策尤其是货币增长率，是股权资产泡沫发生的显著正向驱动因素，利率政策也可能驱动资产泡沫的发生；第三，银行的私人信贷增长及其滞后项也是股权资产泡沫发生的稳健驱动因素。

除以上基准研究外，本章还进行了稳健性检验，在实证模型中加入制度变量、处理内生性问题、替换为月度数据、考虑股权泡沫的持续性、解决模型不确定性等，结果表明本章研究结论是稳健的。值得一提的是，本章发现制度变量也是股权资产泡沫的驱动因素，基本结论可概括为：普通法法系、小投资者保护度低、政府透明度高、套利自由的国家更易发生股权资产泡沫。

第4章 资产泡沫与银行业稳定

2008 年源于美国房地产市场的危机迅速蔓延成全球的金融危机，金融风险或金融稳定一词屡见报端，资产泡沫与金融稳定的关系受到了前所未有的关注。有研究表明，资产泡沫的风险效应比挤出效应更值得关注，资产泡沫在金融网络的传导以及“金融加速器”机制下，金融风险会被放大，将对实体经济产生深远的影响，甚至触发经济危机（Aoki and Nikolov，2015）。

在中国，目前保持金融稳定具有重要的现实意义。中国经济步入“新常态”，经济增速趋于下滑，金融需更有效地服务于实体经济，这也是金融业供给侧结构性改革的重要内容。陈雨露等（2016）认为，金融波动的增大会降低经济增长率和提高金融危机发生的概率。Lin and Huang（2012）和 Jokipii and Monnin（2013）认为，银行业稳定性上升会对一国经济增长产生促进作用。

基于以上的现实背景，考虑到中国的金融结构是银行主导型，本章的目的是研究资产泡沫与银行业稳定相关性，并将分析延伸至银行业稳定的经济增长效应。

4.1 理论模型与机制分析

考虑到第 2 章相关文献研究的不足，为理清资产泡沫与银行稳定性的关系，本章构建了银行持有泡沫资产的理论模型，并在此基础上对泡沫影响银行稳定性的机制进行分析。

4.1.1 银行持有泡沫资产的理论模型

假设经济体中所有借贷行为的发生都需以银行为中介，且银行家风险中性。银行每期使用其净资产（n_t）和储户存款（d_t）发放贷款（b_t）给企业、以价格 μ_t 购买泡沫资产①（m_t^b）以及自身消费（c_t^b），因此满足如下的资产负债表约束：

$$c_t^b + b_t + \mu_t m_t^b = n_t + d_t \tag{4-1}$$

泡沫资产不具备内在价值，即不可用于生产也不可消费。参考 Blanchard and Watson（1982）和 Weil（1987）的设定，引入风险泡沫（risky bubbles），每期泡沫会以 $1-\pi$ 的概率破灭，以 $\hat{\mu}_{t+1}$ 表示泡沫资产下一期的价格，则泡沫资产价格服从如下过程：

$$\hat{\mu}_{t+1} = \begin{cases} \mu_{t+1}, & \pi \\ 0, & 1-\pi \end{cases} \tag{4-2}$$

假定银行从事中介业务没有成本以及银行实行有限责任制，则银行净资产的变动满足：

$$n_{t+1} = max(R_t^l b_t + \hat{\mu}_{t+1} m_t^b - R_t^d d_t, 0) \tag{4-3}$$

式（4-3）表明，银行净资产 $n_t \geqslant 0$，当银行资产低于负债时，银行宣告破产。

Aoki and Nikolov（2015）认为存款保险制度提供的政府隐性担保会带来两类道德风险，针对两类道德风险设定相应约束在银行持有泡沫资

① 此处将泡沫资产进入银行资产负债表，后续研究表明，在满足一定条件下，银行只进行贷款业务而不持有泡沫资产（$m_t^b = 0$），称为贷款银行（lending bank），其对应的就是泡沫银行（bubbly bank），即只持有泡沫资产而不进行贷款业务。

产行为上起到重要的作用。第一类道德风险是政府隐性担保的存在，储户缺乏监督银行的激励，银行会在转移 $1-\lambda$ 比例的存款和持续经营两者中权衡决策，因此需要对银行吸收存款的规模进行约束，以防止银行转移存款情况的发生，参考 Gertler and Karadi（2011）的设定，银行满足如下激励相容约束或借款约束：

$$(1-\lambda)d_t \leqslant V(n_t) \tag{4-4}$$

式（4-4）左侧表示银行家转移存款可获得的价值，右侧表示持续经营银行所获得的价值。为保证银行持续经营，银行需满足该约束。

第二类道德风险源于银行过度投资泡沫资产，当泡沫破灭时，银行宣布破产进而对纳税人带来存款保险的成本。Repullo and Suarez（2004）认为，风险承担的银行在破产时会希望得到尽量少的回收价值以使存款保险公司的赔付最大化，这被称为存款保险补贴。为防止银行过度持有泡沫资产，存在两种设定方式，第一种方式是将式（4-4）进一步收紧，存款的减少会扩大存贷利率差，使银行从事贷款业务更具盈利性而不是持有泡沫资产，资本充足率制度发挥了类似的作用（Martinez - Miera and Suarez，2014），但该方式会限制生产性目的的贷款。本章采用第二种方式，即假定存在不完美的银行监督机制，在限制银行泡沫资产持有的同时不会降低企业贷款。具体来看，银行持有泡沫资产的总量不能超过其资产总规模的 ξ 比例，小于该比例的部分无法被监督：

$$\mu_t m_t^b \leqslant \xi(b_t + \mu_t m_t^b) \tag{4-5}$$

ξ 反映了银行监督强度，ξ 越小，表明银行监督的监督强度越大，能更加有效地防止银行持有泡沫资产，我们称式（4-5）为监管约束。

通过以上分析可知，在每一时期，银行会在成为贷款银行还是泡沫银行间进行投资策略调整，因此，首先，分别对两种情形下银行最优行为进行描述；其次，刻画银行的均衡投资策略选择。

贷款银行：将贷款银行的最优决策行为写成值函数的形式，

$V^l(n_t) = \max_{\{c_t, b_t^l\}} \{c_t + \beta E_t[V(n_{t+1})]\}$，满足约束（4-2）和（4-3），由于银行家风险中性，因此可猜测值函数是净资产的线性形式，$V^l(n_t) = \phi_t^l n_t$，当 $\phi_t^l > 1$ 时，银行会将其所有的净资产用于贷款，只在退出时消费。由于银行可无成本地在贷款银行和泡沫银行之间转换，因此可将银行持续经营价值表示为，$V(n_{t+1}) = \max[V^l(n_{t+1}), V^b(n_{t+1})] = \max(\phi_{t+1}^l, \phi_{t+1}^b) n_{t+1} = \phi_{t+1} n_{t+1}$。均衡时，只要满足如下条件，贷款银行就不会持有泡沫资产：

$$E_t\left[\phi_{t+1} \frac{\hat{\mu}_{t+1}}{\mu_t}\right] < E_t(\phi_{t+1}) R_t^l \tag{4-6}$$

式（4-6）符合经济直觉，即当银行贷款利率高于泡沫资产预期回报率时，银行就不会持有泡沫资产。当 $R_t^l > R_t^d$ 时，银行借款约束收敛，因此可吸收存款为 $d_t^l = \frac{\phi_t^l}{1-\lambda} n_t$。结合式（4-1）和式（4-2），可得单位财富的回报为 $u_{t+1}^l = R_t^l + (R_t^l - R_t^d) \frac{\phi_t^l}{1-\lambda}$，进一步可得 $\phi_t^l = \beta E_t(\phi_{t+1} u_{t+1}^l)$。

泡沫银行：类似地，泡沫银行的值函数为 $V^b(n_t) = \phi_t^b n_t$，当银行贷款约束收敛时，可吸收存款为 $d_t^b = \frac{\phi_t^b}{1-\lambda} n_t$。由于设定银行有限责任制，因此银行会在泡沫破灭时选择破产以避免损失，而在泡沫持续时从中获益。所以，只要满足 $\frac{\mu_{t+1}}{\mu_t} > R_t^l$，银行就只会投资泡沫资产。此时，泡沫银行单位资产回报有如下形式：

$$u_{t+1}^b = \begin{cases} (1-\xi) R_t^l + \xi \frac{\mu_{t+1}}{\mu_t} + \left[(1-\xi) R_t^l + \xi \frac{\mu_{t+1}}{\mu_t} - R_t^d\right] \frac{\phi_t^b}{1-\lambda}, & \pi \\ max\left[(1-\xi) R_t^l + [(1-\xi) R_t^l - R_t^d] \frac{\phi_t^b}{1-\lambda}, 0\right], & 1-\pi \end{cases}$$

上式表明 $u_{t+1}^b \geqslant 0$，因此泡沫银行会尽量多地持有泡沫资产，监管约束收敛。同样，可得 $\phi_t^b = \beta E_t(\phi_{t+1} u_{t+1}^b)$。

均衡策略：均衡时，要求贷款银行和泡沫银行的值函数相等，因此 $\phi_t^l = \phi_t^b = \phi_t$，进一步可得 $E_t[\phi_{t+1}(u_{t+1}^b - u_{t+1}^l)] = 0$，$\phi_t = \dfrac{\beta E_t(\phi_{t+1}R_t^l)}{1 - \beta E_t\left(\phi_{t+1}\dfrac{R_t^l - R_t^d}{1 - \lambda}\right)}$。

为进一步理解存款保险制度在银行泡沫资产持有中发挥的作用，本章定义存款保险制度补贴，$t+1$ 时泡沫破灭，则泡沫银行可从存款保险中得到的补贴为：

$S_t = max(R_t^d d_t^b - R_t^l b_t^b, 0)$，则一单位泡沫资产的风险补贴为：

$$\rho_t = \frac{S_t}{\mu_t m_t^b} = \frac{1}{\xi} max\left[R_t^d \frac{\phi_t}{1 - \lambda + \phi_t} - R_t^l(1 - \xi), 0\right] \tag{4-7}$$

式（4-7）分别关于 ξ、λ、ϕ_t 求导，可知 $\dfrac{\partial \rho_t}{\partial \xi} \geqslant 0$，$\dfrac{\partial \rho_t}{\partial \lambda} \geqslant 0$，$\dfrac{\partial \rho_t}{\partial \phi_t} \geqslant 0$，进一步在保持其他变量不变的情况下可求得 $\dfrac{\partial \phi_t}{\partial (R_t^l - R_t^d)} > 0$，因此 $\dfrac{\partial \rho_t}{\partial (R_t^l - R_t^d)} \geqslant 0$。以上分析结果可得出如下命题。

命题1：银行持有泡沫资产可从存款保险制度中获取风险补贴，银行杠杆越高（λ 越大，ϕ_t 越大），监管越无效（ξ 越大），存贷款利差越大（$R_t^l - R_t^d$ 越大），银行获取的风险补贴越多，更加愿意持有泡沫资产。

4.1.2 银行泡沫与风险承担的机制分析

以上分析表明，在满足一定的条件下，银行会持有泡沫资产，且存款保险制度带来的风险补贴效应会进一步增强银行持有泡沫资产的意愿。如式（4-2）设定，资产泡沫存在随时可能破灭的风险。现有文献研究表明，金融机构的“顺周期性”和“网络效应”导致其在面对资产价格大幅波动时表现出极强的内在不稳定性，与之伴随的便是金融机构风险承担加剧（Brunnermeier，2009；钱亚婷和黄少卿，2016）。

内在杠杆水平、信贷摩擦、投资者挤兑共同导致了金融机构的“顺周期性”。Adrian and Shin（2010）分析认为，资产价格下跌会带来金融机构杠杆水平上升，为满足巴塞尔协议的监管要求，金融机构会通过抛售资产偿还债务的方式去杠杆化，从而触发资产价格的进一步下跌，银行风险随之大幅上升。Brunnermeier（2009）认为，金融机构的这种“顺周期性”是2008年次贷危机演变成金融危机的原因之一。Gertler and Karadi（2011）将信贷配给约束引入金融机构，即金融机构融资规模受到其净资产规模的约束，如果资产价格下跌，其吸收居民存款能力相应下降，银行流动性风险加剧。Brunnermeier and Sannikov（2014）认为，在金融机构出现大量资产损失时，信贷摩擦会导致经济加速偏离稳态并导致危机发生。投资者挤兑效应更加直观，资产价格下跌带来的投资者恐慌会触发挤兑现象，促使银行破产风险加剧。与本章最为接近的文献是Gertler and Kiyotaki（2015），他们将存款保险制度引入银行挤兑模型，发现存款保险制度可以缓解挤兑带来的顺周期效应，但会带来银行过度加杠杆的道德风险，导致银行破产风险增加。

金融机构的“网络效应”加剧了资产价格波动对金融机构不稳定的影响。金融机构之间由于业务往来所形成的业务网络不但不能减少金融市场的总体风险，反而由于这种网络效应的存在产生了更多的系统性风险（Brunnermeier，2009；Affinito and Pozzolo，2017）。另外，金融机构内部各部门之间会通过交叉持有权益而形成网络，从而带来局部危机的溢出效应（Allen and Gale，2000）。近期研究还表明，开放经济下，金融机构形成跨国网络，由资产价格波动导致的一国金融机构风险会通过该网络传染至他国金融机构（Demirer et al.，2017）。

命题2：杠杆水平效应、信贷摩擦效应、投资者挤兑效应、网络效应等的存在决定了持有资产泡沫的银行面临严重的不稳定性。

综上分析，可以将银行持有泡沫资产及其对银行稳定性产生影响的传导机制表示如下，参见图4－1。

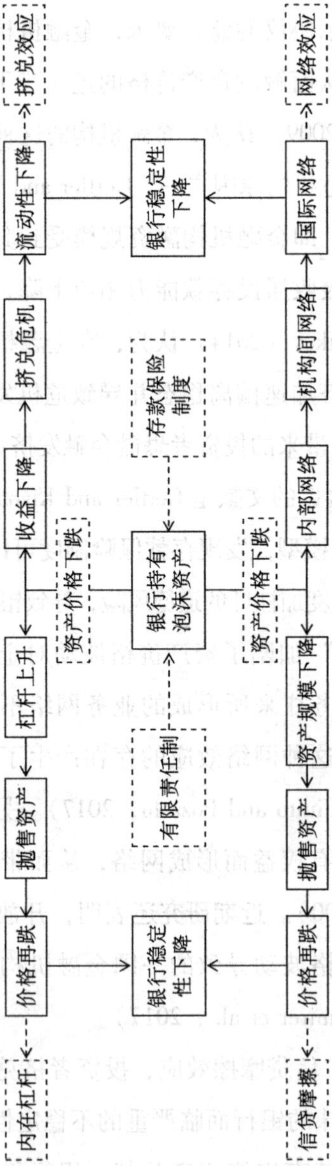

图4-1 银行持有泡沫资产影响银行稳定性的理论机制

4.2 实证研究

本部分基于前文的理论分析，结合最新发展的计量方法，实证研究资产泡沫对银行业稳定性的影响。

4.2.1 BMA – PVAR

本章使用贝叶斯模型平均面板VAR（BMA – PVAR，Koop and Korobilis，2016）模型实证研究资产泡沫对银行业稳定性的影响。PVAR模型被广泛应用于金融冲击跨国溢出效应的研究（Canova and Ciccarelli，2009）。Demirer et al.（2017）发现全球150家最大规模银行间存在很强的网络关联性。因此，PVAR模型的使用可将上述理论分析拓展至开放经济下资产泡沫对银行业稳定的国际传导研究。另外，为克服无约束PVAR模型过度参数化及有约束PVAR模型潜在约束过多问题，将BMA思想用于约束关系的选择，实证结论更加稳健。

如果 y_{it} 表示由 G 个变量构成的向量，$i(i = 1,\cdots,N)$ 表示国家，$t(t = 1,\cdots,T)$ 表示时间，$Y_t = (y'_{1t},\cdots,y'_{Nt})'$，则国家 i 的PVAR模型可表示成：

$$y_{it} = A_{1i}Y_{t-1} + \cdots + A_{Pi}Y_{t-P} + \varepsilon_{it} \tag{4-8}$$

其中，对每个滞后阶数 $p = 1,\cdots,P$，A_{Pi} 是维度为 $G \times NG$ 的矩阵。ε_{it} 满足时间无关，服从于 $N(0,\Sigma_{ii})$，Σ_{ii} 是维度为 $G \times G$ 的协方差矩阵。定义 $cov(\varepsilon_{it},\varepsilon_{jt}) = E(\varepsilon_{it},\varepsilon_{jt}) = \Sigma_{ij}$ 为国家 i 和国家 j 对应PVAR模型扰动项的协方差矩阵。式（4 – 8）的设定即为无约束PVAR。无约束PVAR模型在估计时会面临由于参数空间维度高带来的过度参数化问题。因此，在

实际应用中，需要先对模型施加约束。Canova and Ciccarelli（2013）将 PVAR 模型的约束分为三类，分别为动态相依（DI，dynamic interdependency）、静态相依（SI，static interdependency）和截面异质性（CSH，cross－section heterogeneity）。

DI 是指国家之间通过 PVAR 系数构成的联系，每个国家的内生变量都依赖于所有国家内生变量的滞后项。以国家 j 和国家 k 的 DI 为例，为刻画国家 k 变量的滞后项是否对国家 j 的 PVAR 模型，定义维度为 $G \times G$ 的矩阵 A_{pjk}，如果国家 j 不动态依赖于国家 k，则 $A_{1jk} = A_{2jk} = \cdots = A_{Pjk} = 0$，其中 $j,k = 1,\cdots,N, j \neq k$，变换不同的 j 与 k，共计 $N(N-1)$ 个 DI 约束。

SI 通过扰动项协方差矩阵刻画，如果国家 j 和国家 k 不存在静态相依关系，则 $\Sigma_{jk} = 0$，同样变换不同的 j 与 k，共计 $\frac{N(N-1)}{2}$ 个 SI 约束。CSH 意味着国家间 PVAR 系数不相同①，当国家 j 和国家 k 存在截面同质关系时，则 $A_{Pjj} = A_{Pkk}$，同样变换不同的 j 与 k，共计 $\frac{N(N-1)}{2}$ 个 CSH 约束。

Koop and Korobilis（2016）依据估计约束 PVAR 模型的 SSVS 算法（George et al.，2008），提出随机搜寻设定选择（Stochastic Search Specification Selection，S^4）算法，经蒙特卡洛模拟发现，当观测值个数相对待估参数个数较少时②，该算法能较好地挑选出正确的约束。

将 PVAR 写成如下更加紧致的形式：

$$Y_t = Z_t\alpha + \varepsilon_t \tag{4-9}$$

其中，$\varepsilon_t \sim N(0,\Sigma)$，$\alpha$ 是包含 $K = P(NG)^2$ 个 PVAR 系数的向量，Z_t

① 当然也可以对扰动项协方差矩阵施加同质约束，但在宏观或金融的实证应用中，该种设定并不合理，故在此不考虑。

② 后文实证研究满足该要求。

是维度为 $NG \times K$ 矩阵，滞后阶数为 P，$Z_t = \begin{pmatrix} z_t & \cdots & 0 \\ \vdots & \ddots & \vdots \\ 0 & \cdots & z_t \end{pmatrix}$，其中，$z_t = (Y'_{t-1}, Y'_{t-2}, \cdots, Y'_{t-P})$。令 α_j 表示 α 的第 j 个元素，并设定其服从两个正态分布混合的层级先验①：

$$\alpha_j \mid \gamma_j \sim (1 - \gamma_j)N(0, \underline{c} \times \tau_j^2) + \gamma_j N(0, \tau_j^2) \qquad (4-10)$$

其中，$\gamma_j \mid \pi_j \sim Bernoulli(\pi_j)$，$\pi_j \sim Beta(1, \underline{\varphi})$，$\tau_j^2 \sim Gamma(1, \underline{\theta})$②。

定义元素为二元变量的 $N(N-1)$ 维向量 γ^{DI}，$\frac{N(N-1)}{2}$ 维向量 γ^{SI}，$\frac{N(N-1)}{2}$ 维向量 γ^{CSH}，分别控制 DI、SI、CSH 约束，$\gamma = (\gamma^{DI}, \gamma^{SI}, \gamma^{CSH})$。DI 和 SI 约束可基于式（4-10）的层级先验经 MCMC 抽样得到。CSH 约束与 DI、SI 约束不同，并非简单约束系数向量或矩阵为零，因此相对复杂。为简便起见，以 $N = 3$，$G = 1$ 为例进行说明。CSH 约束下，可将式（4-10）写成如下形式：

$$\alpha_j \mid \gamma_j^{CSH} \sim (1 - \gamma_{ij}^{CSH})N(\alpha_k, \underline{c} \times \tau_j^2) + \gamma_{ij}^{CSH} N(0, \tau_j^2)$$

为刻画所有的 CSH 约束组合，定义约束选择矩阵 Γ_{jk}，本例中，有三种情况：

$$\Gamma_{12} = \begin{bmatrix} \gamma_{12}^{CSH} & 1 - \gamma_{12}^{CSH} & 0 \\ 0 & 1 & 0 \\ 0 & 0 & 1 \end{bmatrix}, \Gamma_{13} = \begin{bmatrix} \gamma_{13}^{CSH} & 0 & 1 - \gamma_{13}^{CSH} \\ 0 & 1 & 0 \\ 0 & 0 & 1 \end{bmatrix},$$

$$\Gamma_{23} = \begin{bmatrix} 1 & 0 & 0 \\ 0 & \gamma_{23}^{CSH} & 1 - \gamma_{23}^{CSH} \\ 0 & 0 & 1 \end{bmatrix}$$

---

① 层级先验指目标先验分布依赖其他参数，而该参数也服从某种形式的先验分布。

② 参数 $\underline{c}$、$\underline{\varphi}$、$\underline{\theta}$ 的选取参考 Koop and Korobilis(2016) 的设定。

其中γ_{12}^{CSH}、γ_{13}^{CSH}、γ_{23}^{CSH}分别表示国家1和2、国家1和3、国家2和3的CSH约束向量。如果国家1和2存在同质性，则$\gamma_{12}^{CSH}=0$，否则为1。那么矩阵$\Gamma=\Gamma_{12}\times\Gamma_{13}\times\Gamma_{23}$包含了CSH约束的所有可能组合。

综上所述，将PVAR模型以该方式转换后，可方便地从约束系数的后验分布中进行抽样，通过使用MCMC算法并对抽样进行简单平均，即BMA过程。

4.2.2 变量选取与数据处理

参考Demirer et al.（2017）在构建全球银行网络时所包含的国家，本章的数据集由26个国家组成①，时间跨度从2000年至2014年。数据来源于世界银行全球金融发展数据库②（Global Financial Development Database，GFDD）2016年6月版。该数据库涵盖了全球203个国家自1960年以来金融机构与市场发展的诸多指标，包含本章实证分析的所有变量。缺失数据利用FRED数据库补齐。

（1）变量选取

首先，对导致银行泡沫资产持有的因素进行分析。前文的分析结论表明，除制度性因素外，银行持有泡沫资产的意愿还与银行业监管程度、银行杠杆水平、存贷款利差有关，并且理论预测前者与银行泡沫资产持有负相关，后两者为正相关。三个变量以如下方式进行度量：

$$\xi=\frac{\text{银行受监管资本}}{\text{银行风险加权总资产}} \tag{4-11}$$

① 这26个国家包括美国、日本、加拿大、意大利、澳大利亚、中国、英国、西班牙、瑞典、法国、韩国、瑞士、比利时、巴西、德国、爱尔兰、马来西亚、葡萄牙、新加坡、奥地利、芬兰、希腊、荷兰、挪威、俄罗斯、南非。

② 对该数据库的完整描述可参考Cihak（2012）。数据下载自：http：//www. worldbank. org/en/publication/gfdr/data/global－financial－development－database。

$$\lambda = \frac{\text{银行资本}}{\text{银行总资产}} \tag{4-12}$$

$$R^l - R^d = \text{贷款利率} - \text{存款利率} \tag{4-13}$$

其次，资产价格泡沫是我们关注的核心变量之一。本章使用各国主要股票市场指数波动来反映资产价格的变动情况，具体来看，股价波动（*sv*）以全年全国性股票指数日度波动的平均值度量。现有研究表明，波动越大，说明股权资产价格变动越剧烈，股市泡沫发生的概率越大（Narayan et al.，2013），Rotermann and Wilfling（2014）推导了一个沟通资产泡沫和股价波动关系的方程，并且认为当泡沫即将破灭时股价波动最大。除此之外，Iraola and Santos（2017）认为基本面信息（如分红、利润等）波动往往较小，因此股价高波动无法由基本面信息的变动所解释，基于中国股市样本也证实了这样的观点（Girardin and Joyeux，2013）。Lansing（2008）认为，投机行为会放大经济和金融变量的波动性。这些证据可以支持使用股价波动作为泡沫代理变量的合理性。

再次，银行业稳定性是我们关注的另一核心变量。参考 Ana et al.（2016），采用被广泛使用的 Z 评分（Z score）指标来度量银行业风险程度。Z 评分可以体现银行违约发生的概率，因此是银行风险的良好测度，该值越大，表明银行业风险越低，即越稳定。

最后，加入实际人均产出增长率（*rgdp*）变量，对资产泡沫对实体经济产生的影响及影响银行业稳定性的机制进行分析。

综上，本章构建包含六个变量的 PVAR 模型，基于上文的理论分析，变量顺序[①]依次为 $rgdp$、$Z-score$、sv、λ、ξ、R^l-R^d。

（2）数据统计描述

表 4-1 列出了各变量的基本统计量，*rgdp* 均值为 1.783，与全球增

① 后三个变量顺序并没有理论支持，但后续分析表明顺序变动不影响实证结论。

速的1.394[①] 基本一致，在一定程度上表明本章样本具有代表性，样本的整体银行Z评分标准误达6.560，最小值为 -4.107，最大值为40.750，表明该变量在不同国家表现出较大差异。进一步，股价波动和银行Z评分是所有变量中整体标准误最大的两个，这与本章的理论假说一致，即资产泡沫会带来银行业的非稳定性。囿于篇幅，其他变量不再一一赘述。

表4-1　各变量统计描述

变量		均值	标准误	最小值	最大值	观测数
rgdp	overall	1.783	3.116	-8.998	13.600	N=390
	between		1.880	-0.259	9.100	n=26
	within		2.511	-10.730	11.570	T=15
Z-score	overall	12.060	6.560	-4.107	40.750	N=390
	between		5.523	3.725	24.850	n=26
	within		3.692	-2.220	36.500	T=15
sv	overall	22.450	9.180	7.563	67.980	N=390
	between		4.782	13.880	35.520	n=26
	within		7.889	6.684	54.910	T=15
λ	overall	6.673	2.305	2.700	14.600	N=390
	between		2.076	4.073	12.310	n=26
	within		1.076	2.860	13.330	T=15
ξ	overall	13.570	2.807	2.500	22.500	N=390
	between		1.874	9.060	17.140	n=26
	within		2.119	7.005	24.720	T=15
$R^l - R^d$	overall	4.271	6.456	-0.067	45.110	N=390
	between		6.341	0.124	34.720	n=26
	within		1.707	-10.86	14.840	T=15

图4-2可为本章的基准结论提供进一步的证据，银行业Z评分和股

① 作者根据世界银行数据计算得到。

价波动的散点关系图表明，二者之间存在较为明显的负向关系，即当股价波动较大时，银行业Z评分值较低，意味着银行业稳定性较差。

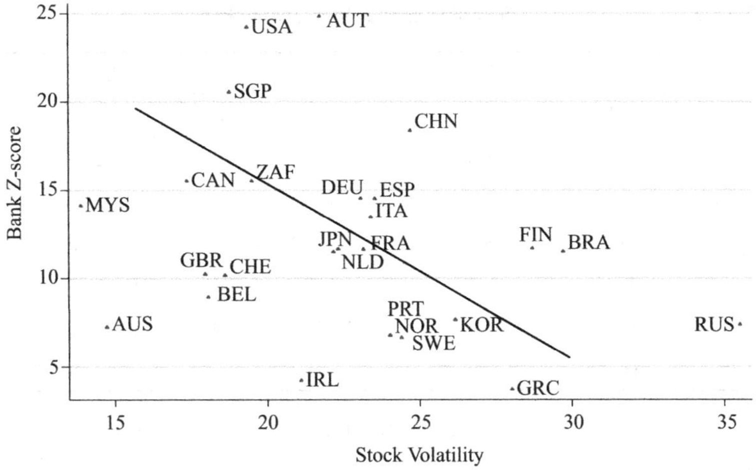

图4-2 银行业稳定性与资产价格波动的散点关系

（3）面板数据单位根检验

为防止伪回归的出现，需要对变量进行单位根检验。面板数据单位根检验可根据数据是否存在截面相关划分为两种类型，因此应在单位根检验之前判断数据是否存在截面相关。

使用 Pesaran（2004）提出的截面相关检验（CD test）统计量，检验结果如表4-2所示，*rgdp*、股价波动均在1%的显著水平下拒绝截面独立的原假设，即存在截面相关，银行Z评分在10%显著水平下存在截面相关。由于变量存在不同程度的截面相关，因此需要使用第二代面板数据单位根检验的方法对数据平稳性进行检验，本章选用 Pesaran（2007）提出的 CIPS 统计量进行检验，该检验简单易行且当 n 和 T 为同一数量级时仍然有效，符合本章的数据特征。检验结果如表4-2所示，股价波动和存贷款利差均在5%显著水平下拒绝存在单位根的原假设，而 *rgdp*、银行Z评分、银行杠杆水平以及银行业监管程度都不能拒接原假设，但经一阶差分后均变为平稳序列。因此，在 PVAR 分析中，除股价波动和存贷款利差使用水平值外，其余变量均使用一阶差分值。

表 4-2　　各变量截面相关检验及单位根检验

变量	截面相关检验		单位根检验①	
	CD 统计量	*P* 值	t-bar 统计量②	*P* 值
rgdp	44.530	0.000***	-1.878（-2.348）	0.232（0.002***）
Z-score	1.900	0.057*	-1.699（-2.831）	0.538（0.000***）
sv	46.780	0.000***	-2.195	0.014**
λ	5.480	0.000***	-1.299（-2.042）	0.974（0.067*）
ξ	28.710	0.000***	-1.710（-2.121）	0.519（0.032*）
R^l-R^d	18.720	0.000***	-2.176	0.017**

注：***、**、*分别表示在1%、5%、10%的水平下显著。括号内为一阶差分后的 t-bar 统计量和对应 *P* 值。

4.2.3　基准结论与分析

通过对比不同滞后阶数 PVAR 的 AIC 和 SIC 值，确定最优滞后阶数为一阶。BMA-PVAR 模型优于传统 PVAR 在于其能通过 MCMC 算法识别出最优拟合数据的约束条件，表 4-3、表 4-4、表 4-5 分别列示了 BMA 方法选出的约束关系。

由表 4-3 可知，650（26×25）对动态相依约束中有 175 对不成立，表 4-3 列出了动态相依不成立的国家对。首先，我们注意到动态相依关系可能是单向的，即一国滞后期变量出现在另外一国的 PVAR 模型中，反之可能不成立，如日本的滞后期变量不会出现在中国模型中，而中国

① 检验设定为有截距项无时间趋势项，滞后阶数为一阶。

② Pesaran（2007）给出的1%、5%、10%的临界值分别为 -2.340、-2.170、-2.070。

的滞后期变量会出现在日本模型中，这表明中国经济变量对日本经济变量产生了单向的影响，这与中国进入 21 世纪以来经济地位逐渐提升以及日本经济表现疲软的事实是一致的。其次，除巴西外，样本中的国家均与美国存在双向的动态相依关系，表明了美国经济的主体地位以及开放性。最后，南非、西班牙、俄罗斯、瑞典四国均未出现在“发起国”列中，表明四国经济变量滞后项均出现在样本中其他国家的 PVAR 模型中，影响着其他国家经济变量的变动。

表 4－3　　动态相依约束不成立的国家

发起国	接收国	发起国	接收国	发起国	接收国	发起国	接收国	发起国	接收国	发起国	接收国	发起国	接收国
AUS	DEU	BEL	DEU	CHN	BRA	FRA	DEU	GRC	AUT	GBR	AUT	MYS	NLD
AUS	JPN	BEL	MYS	CHN	FIN	FRA	IRL	GRC	BRA	GBR	NLD	MYS	ESP
AUS	GBR	BEL	NLD	CHN	FRA	FRA	JPN	GRC	CAN	GBR	NOR	MYS	GBR
AUT	BEL	BEL	NOR	CHN	DEU	FRA	KOR	GRC	CHN	JPN	AUT	NLD	AUT
AUT	CHN	BEL	SWE	CHN	GRC	FRA	NLD	GRC	FIN	**JPN**	**CHN**	NLD	BRA
AUT	FIN	BEL	CHE	CHN	ITA	FRA	SGP	GRC	DEU	JPN	FIN	NLD	CAN
AUT	FRA	BRA	FRA	CHN	MYS	DEU	AUT	GRC	IRL	JPN	FRA	NLD	DEU
AUT	DEU	BRA	ESP	CHN	NLD	DEU	BEL	GRC	JPN	JPN	DEU	NLD	ITA
AUT	GRC	**BRA**	**USA**	CHN	PRT	DEU	BRA	GRC	KOR	JPN	IRL	NLD	JPN
AUT	IRL	CAN	AUS	CHN	GBR	DEU	CAN	GRC	MYS	JPN	ITA	NLD	KOR
AUT	JPN	CAN	AUT	FIN	AUT	DEU	FIN	GRC	NLD	JPN	NLD	NLD	NOR
AUT	KOR	CAN	CHN	FIN	CAN	DEU	GRC	GRC	RUS	JPN	RUS	NLD	PRT
AUT	MYS	CAN	FIN	FIN	CHN	DEU	IRL	GRC	ESP	JPN	ZAF	NLD	RUS
AUT	NLD	CAN	DEU	FIN	FRA	DEU	JPN	GRC	GBR	JPN	SWE	NLD	ZAF
AUT	NOR	CAN	GRC	FIN	DEU	DEU	KOR	IRL	AUT	JPN	GBR	NLD	GBR
AUT	PRT	CAN	IRL	FIN	GRC	DEU	MYS	IRL	BRA	KOR	AUT	NOR	AUT
AUT	ESP	CAN	JPN	FIN	KOR	DEU	NLD	IRL	CHN	KOR	CAN	NOR	DEU
AUT	CHE	CAN	KOR	FIN	MYS	DEU	NOR	IRL	DEU	KOR	FRA	NOR	NLD
AUT	GBR	CAN	MYS	FIN	NLD	DEU	PRT	IRL	GRC	KOR	DEU	NOR	PRT

续表

发起国	接收国	发起国	接收国	发起国	接收国	发起国	接收国	发起国	接收国	发起国	接收国	发起国	接收国
ITA	GRC	CAN	NLD	FIN	NOR	DEU	RUS	IRL	JPN	KOR	IRL	NOR	ZAF
ITA	NLD	CAN	NOR	FIN	PRT	DEU	ZAF	IRL	KOR	KOR	MYS	NOR	GBR
ITA	GBR	CAN	PRT	FIN	SGP	DEU	ESP	IRL	NLD	KOR	NLD		
ITA	GRC	CAN	ZAF	FIN	SWE	DEU	SWE	IRL	RUS	KOR	RUS		
ITA	NLD	CAN	GBR	FIN	CHE	DEU	GBR	IRL	ZAF	KOR	ZAF		
ITA	GBR	CHE	GRC	FIN	GBR			IRL	ESP	KOR	ESP		
PRT	**GRC**	CHE	NLD	**SGP**	**DEU**			IRL	GBR	KOR	GBR		

注：MCMC 算法计算的动态相依概率低于 0.5 被认定为不存在动态相依。

基于金融传染的视角可观察到，亚洲国家，如中国、日本、韩国动态相依不成立的数目相对大于美国、西班牙等传统发达的欧美国家，表明欧美等发达国家在金融危机的传染蔓延中起到了更为重要的推动作用。

表 4－4 和表 4－5 分别报告了截面同质约束和静态相依约束成立的国家对，截面同质约束和静态相依约束的总数目均为 325$\left(\frac{26\times25}{2}\right)$对。值得注意的是，截面同质约束成立的国家仅有 12 对，且均是与美国构成，表明样本中国家间异质性程度较高。需要指出的是，截面同质说明国家间 PVAR 模型的估计系数相同，并非意味着国家间的相互连接。除澳大利亚、巴西和新加坡外，与美国存在截面同质约束的国家均地处欧洲，这可能是因为美国与欧洲国家间经济体制的相似性程度更高。

如表 4－5 所示，共计 78 对国家存在静态相依约束，静态相依约束表明国家间方差协方差矩阵不为零，反映了不同国家经济变量存在同期关系。我们注意到，虽然美国与所有国家都存在动态相依关系，但静态相依并不普遍。

表 4 –4　　截面同质约束成立的国家

国家 1	国家 2	国家 1	国家 2
AUS	USA	DEU	USA
BRA	USA	GRC	USA
CAN	USA	ITA	USA
FIN	USA	PRT	USA
FRA	USA	SGP	USA
CHE	USA	GBR	USA

注：MCMC 算法计算的截面同质概率大约 0.5 被认定为存在截面同质。

表 4 –5　　静态相依约束成立的国家

国家 1	国家 2	国家 1	国家 2	国家 1	国家 2	国家 1	国家 2
AUS	AUT	**CAN**	**CHN**	ESP	CHE	BEL	BRA
AUS	BEL	CAN	FRA	ESP	GBR	**BEL**	**CHN**
AUS	BRA	CAN	GRC	SWE	GBR	BEL	FIN
AUS	**CHN**	CAN	IRL	**SWE**	**USA**	BEL	DEU
AUS	FIN	CAN	KOR	BRA	CAN	BEL	IRL
AUS	FRA	CAN	MYS	**BRA**	**CHN**	BEL	ITA
AUS	GRC	CAN	NLD	BRA	FIN	BEL	NLD
AUS	IRL	CAN	CHE	BRA	DEU	BEL	NOR
AUS	JPN	**CHN**	**JPN**	BRA	ITA	BEL	SGP
AUS	NOR	FIN	GRC	BRA	KOR	BEL	SWE
AUS	PRT	FIN	NOR	BRA	NLD	SGP	ZAF
AUS	RUS	FRA	DEU	BRA	NOR	SGP	ESP
AUS	ZAF	FRA	GRC	BRA	RUS	SGP	SWE
AUS	ESP	FRA	IRL	BRA	SGP	SGP	GBR
AUS	GBR	FRA	ITA	**BRA**	**USA**	**SGP**	**USA**
AUS	**USA**	FRA	JPN	RUS	SGP	ITA	JPN

续表

国家 1	国家 2	国家 1	国家 2	国家 1	国家 2	国家 1	国家 2
AUT	**CHN**	FRA	KOR	RUS	CHE	ITA	MYS
ZAF	SWE	FRA	NLD	RUS	GBR	ITA	PRT
PRT	**USA**	FRA	NOR	**RUS**	**USA**	IRL	ITA
GRC	ITA					IRL	MYS

注：MCMC 算法计算的静态相依概率大约 0.5 被认定为存在静态相依。

本章通过绘制脉冲响应图做进一步分析。如前文理论分析表明，银行业监管强度、杠杆水平、存贷款利差等的变动均会影响到银行风险补贴，并且我们重点强调了风险补贴变动对银行泡沫资产持有意愿的影响，最终对银行业稳定性发挥作用。图 4 – 3 是对该理论预测的实证检验，为说明问题及对比分析，我们仅汇报中国和美国的实证结果。首先，与理论预测一致，无论在中国还是美国，正向的银行业监管冲击会降低银行风险补贴，银行持有泡沫资产意愿减弱，因此银行业 Z 评分上升，即银行业稳定性增强，与 Benjamin et al.（2016）、王擎和田娇（2016）、汪莉（2017）的研究结论一致。同理，正向的银行杠杆水平冲击、存贷款利差冲击都会提高银行风险补贴，银行持有泡沫资产意愿增强，带来银行业 Z 评分下降，即银行业稳定性减弱，与 Avgouleas（2015）、Geremew（2016）和纪敏等（2017）的结论一致，郭晔和赵静（2017）的研究同样认为，银行杠杆率越高，存款保险制度的道德风险越严重。其次，中、美银行业稳定性在应对各类冲击时的反应强度及持久性有所差异，具体来看，正向银行业监管冲击会使中国银行业 Z 评分初期上升约 0.25%，在第二期达到最大的 0.45%，而美国分别为 0.15% 和 0.3%，另外，该冲击在第九期对中国银行业稳定性的影响才逐渐消失，而在第五期后对美国的影响就几乎消失，表明银行业监管冲击对中国银行业稳定性的影响更大且更加持久，这可能是因为与美国具有发达的金融套利工具相比，中国套利工具较少且银行业受监管程度较高；银行杠杆冲击、存贷款利差冲击对中、美银行业稳定性影响也有差异，与监管冲击不同，这两类冲击对中国银行业稳定性的影响相对短暂。

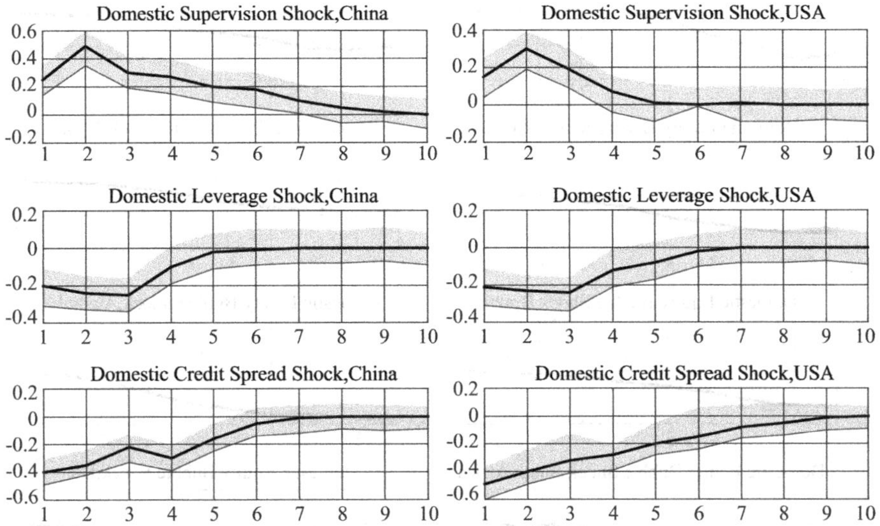

图 4-3　银行业稳定性对监管冲击、杠杆冲击、存贷款利差冲击的脉冲响应

注：阴影部分表示 84% 的置信区间。

接下来，我们分别分析国内资产价格泡沫和国外资产价格泡沫冲击对银行业稳定性产生的直接影响。图 4-4 反映了银行业稳定性对国内股权泡沫冲击的脉冲响应。为对比分析，我们报告的结果包括了金砖国家中国、俄罗斯、巴西和南非，以及 OECD 国家美国、日本、澳大利亚和英国。首先，无论是金砖国家还是 OECD 国家，正向的股权泡沫冲击均会导致银行业 Z 评分下降，即银行业稳定性降低，这符合本章的理论预期。与此相似，Albertazzi and Gambacorta（2010）实证研究表明，股价波动率与银行业税前利润负相关。其次，金砖国家银行业 Z 评分对股权泡沫冲击的响应明显弱于 OECD 国家，金砖国家的银行业 Z 评分在受到泡沫冲击的初期会下降 0.2%~0.4%，而 OECD 国家均约 0.5%；从冲击影响的持久性来看，泡沫冲击对金砖国家银行业稳定性的影响要稍早于OECD国家消失。

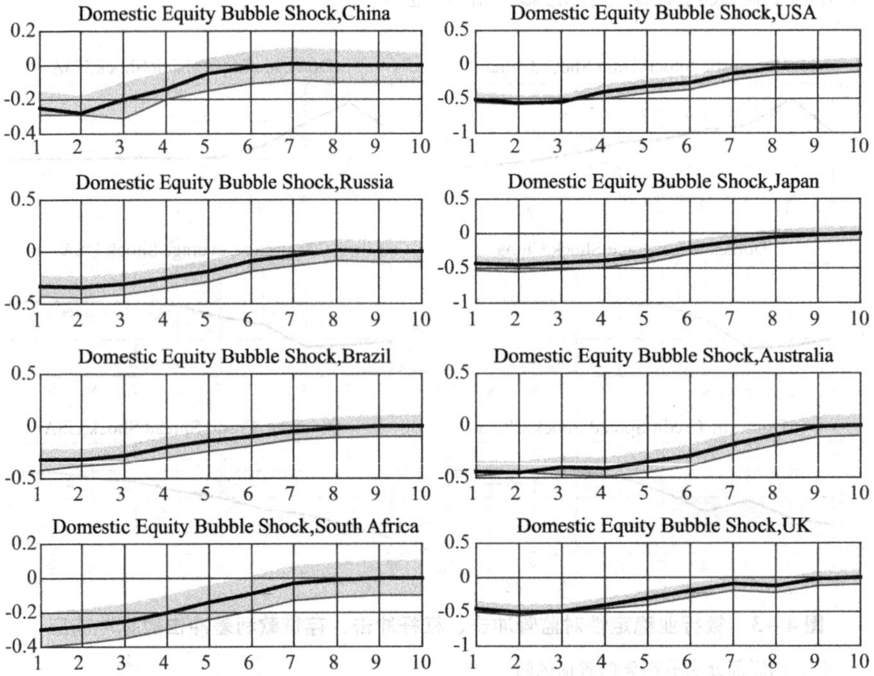

图4-4 银行业稳定性对国内股权泡沫冲击的脉冲响应

注：阴影部分表示84%的置信区间。

如前文理论分析所述，资产价格泡沫会在国家之间传染，即国外资产价格泡沫发生也会对银行业稳定性产生负面影响。图4-5分别报告了中国和美国发生股权资产泡沫对其他国家银行业稳定性带来的变化。首先，国外股权泡沫冲击与国内股权泡沫冲击类似，都不利于银行业的稳定。其次，与美国的股权泡沫冲击相比，中国股权泡沫冲击对其他国家银行业稳定性造成的影响相对较小，如中国泡沫冲击对日本银行业Z评分带来-0.2%的影响，而美国冲击则带来-0.5%的影响。从持久性来看，中国泡沫冲击的影响明显落后于美国，如中国泡沫冲击对美国银行业稳定性影响在第四期就基本消失，而美国泡沫冲击对中国银行业稳定性影响则要在第六期才逐渐消失。这种资产价格泡沫对银行稳定的溢出效应从侧面证实了全球银行网络的存在性，与 Brunnermeier（2009）、Affinito and Pozzolo（2017）和 Demirer et al.（2017）的结论一致。本章结论为严防输入性资产价格泡沫提供了实证支持。

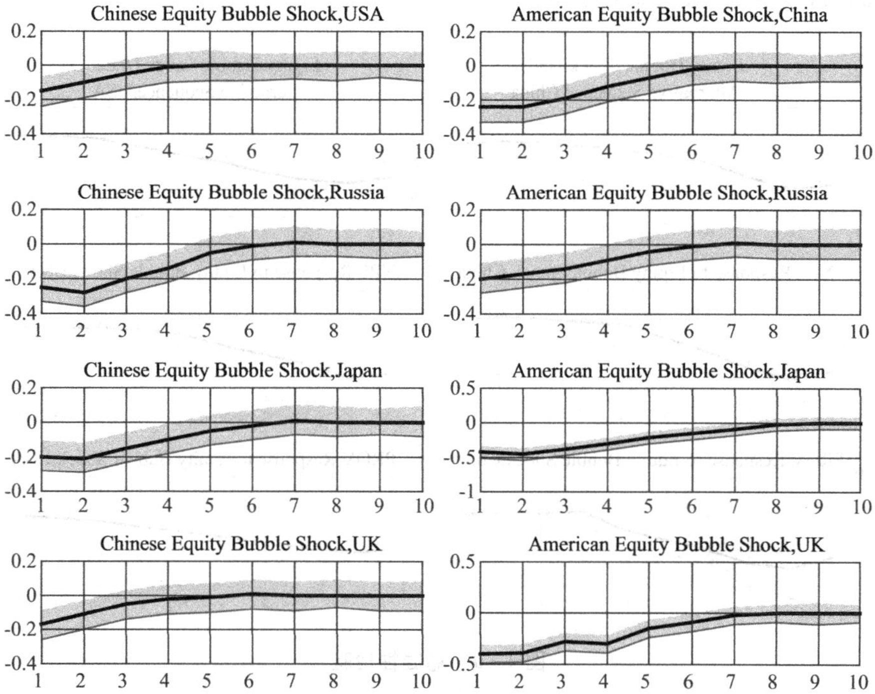

图 4-5 银行业稳定性对国外股权泡沫冲击的脉冲响应

注：阴影部分表示 84% 的置信区间。

4.2.4 稳健性检验

为进一步考察以上结论的稳健性，我们改变银行业监管、银行业杠杆水平、存贷款利差三个变量的顺序并改变银行业稳定性度量方式，参考 Ana et al.（2016），使用不良贷款占总贷款的比率（NPL）和贷款损失准备金占贷款总额的比率（PROV）代替 Z 评分，NPL 和 PROV 均是被广泛使用的银行信用风险的度量指标。重复以上实证过程，脉冲响应结果是稳健的，即各关键变量对冲击的动态响应方向没有改变，结果如图 4－6 所示（囿于篇幅，仅汇报中国和美国的结果）。以上结果保证了本章实证方法的合理性以及实证结论的稳健性。

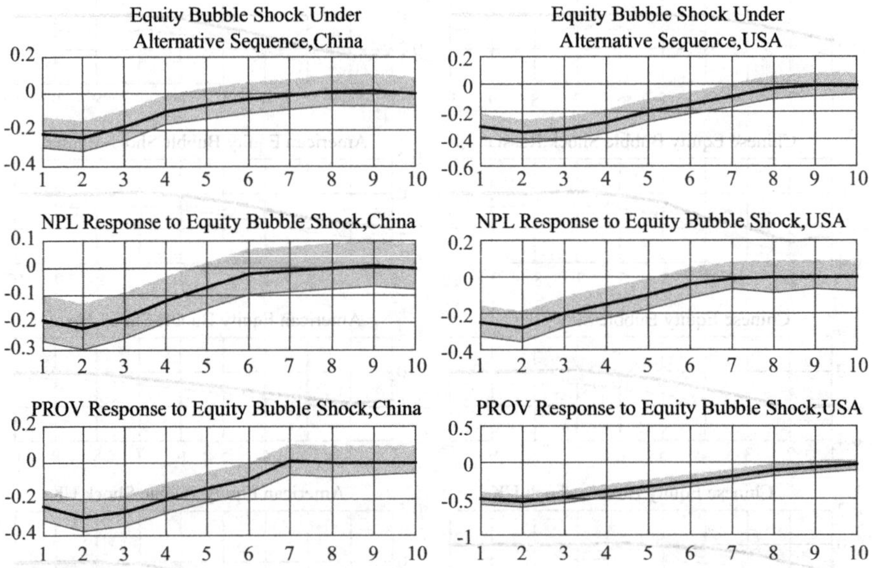

图 4－6　稳健性检验

注：阴影部分表示 84% 的置信区间。

4.2.5　进一步分析

经济增长是经济学关心的核心话题之一。本章探讨了资产价格泡沫对于银行业稳定性的影响。那么，银行业稳定性的变动是否会对一国经济增长产生影响呢？本部分在现有的实证框架下探讨了该问题。

图4－7反映了代表性国家的经济增速对银行业稳定性冲击的脉冲响应。类似图4－4，我们选取了四个金砖国家和四个OECD国家做对比分析。与现有文献一致（Rajan and Zingales，1998；Claessens and Laeven，2003；Levine，2005；Lin and Huang，2012），银行业稳定性的下降会对一国经济增速产生负向作用。与前文不同，银行业稳定性的经济增长效应在不同国家强度基本一致，本章中在银行业稳定性负面冲击初期，会带来约0.2%的经济增长损失，且该效应在第二期达到最大后逐渐消失。此外，不同国家之间该效应的持续性有所差异，如中国在第六期结束，美国在第七期结束，英国则在第八期结束。

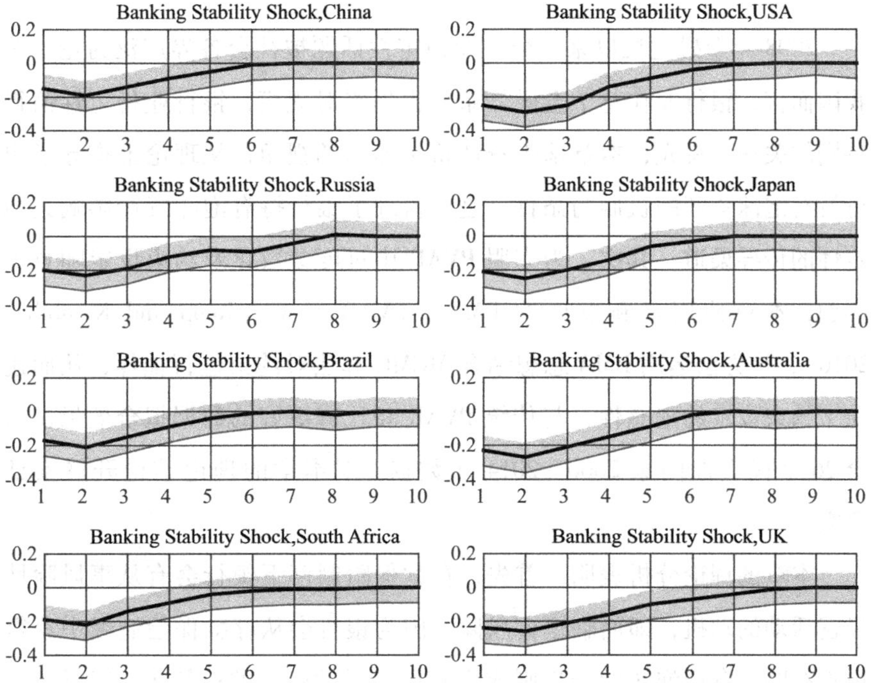

图4－7　经济增长对银行业稳定性（负面）冲击的脉冲响应

注：阴影部分表示84%的置信区间。

银行业不稳定恶化经济增长的发现可由Mishkin（1998）的“金融不

稳定的非对称信息理论”解释，银行业不稳定是金融不稳定的重要来源之一，银行本质上从事的是信息生产活动以便利经济的生产性投资，银行在金融中介或放贷方面的能力下降会直接导致投资及总量经济活动的下降；当银行系统受到的冲击干预到信息流以致银行不能发挥向生产性投资领域输送资金的功能时，银行业不稳定随之发生，因此带来产出收缩。

4.3 本章小结

2008 年金融危机以来，金融业稳定性话题被社会各界广泛讨论。对我国而言，银行业在整个金融体系中占据绝对规模，银行业稳定性值得特别的关注。首先，本章基于资产价格泡沫的视角，从理论上推导了银行持有泡沫资产的机制与条件，进而梳理了银行持有泡沫资产影响其稳定性的传导渠道。其次，为克服 PVAR 中过度参数化及约束设定随意等问题，本章使用最新发展的 BMA - PVAR 模型（Koop and Korobilis, 2016），该方法运用 BMA 思想结合 MCMC 算法对约束进行抽样，从而避免了约束设定的随意性，与传统 PVAR 相比有更好的数据拟合效果，结合 26 个代表性国家 2000—2014 年数据，对本章的理论结论开展实证研究。

本章的理论分析表明，首先，存款保险制度下银行会有从事风险性经营活动的动机，即面临道德风险，因为银行会从存款保险制度中获得风险补贴，资产泡沫的产生则成为其风险活动的标的；其次，银行业监管强度、银行业杠杆水平以及存贷款利差都可以改变银行风险补贴的大小，从而为银行持有泡沫资产提供了环境；最后，银行一旦持有泡沫资产，会通过内在杠杆、挤兑效应、信贷摩擦、网络效应等渠道带来银行业稳定性的下降。

基于以上理论分析，本章得出了丰富的实证结论。首先，本章的实证方法识别出了国家之间的三类约束关系；其次，银行业稳定性对监管冲击、杠杆冲击、存贷款利差冲击均作出响应，且中、美银行业稳定性在应对各类冲击时的反应强度及持久性有所差异；再次，国内资产价格泡沫和国外资产价格泡沫冲击对银行业稳定性均会产生负面影响，且在影响的强度及持久性方面不同国家也存在差异；最后，本章还检验了银行业稳定性的经济增长效应，实证结论表明，银行业稳定性与一国经济增长正相关，该效应的强度在不同国家差异较小，但持续性上有明显差异。

第5章 资产泡沫、技术创新与经济增长

——基于熊彼特增长理论的分析与实证研究

“新常态”下我国经济的基本特征之一是经济增长动力的转换，即由过去长期依赖的积累资本与大规模劳动力的模式向技术创新与人力资本提升的模式转变（王一鸣，2017）。其中，如何促进技术创新成为政策制定者和学术界广泛关注的话题，创新驱动发展战略相应提出，创新被认为是发展的第一动力（柳卸林等，2017）。与此同时，经济泡沫化构成了我国经济的另一个缩影，资产价格的迅速上涨引起了政策当局关于泡沫触发系统性金融风险的担忧。在此背景下，资产泡沫是否可以通过技术创新对经济增长产生影响是一个值得深入研究的命题。

资产泡沫与经济增长关系的早期研究集中于将标准的经济增长模型与 Tirole（1985）的理性资产泡沫模型相结合，如 Saint - Paul（1992）、Grossman and Yanagawa（1993）、King and Ferguson（1993）、Futagami and Shibata（2000）等，他们的研究认为，资产泡沫通过财富效应可以促进消费，但消费的增长挤出投资，不利于经济增长。然而，现实中泡沫往往伴随更高的消费和经济增长。为得到与现实世界相一致的观察，最近的研究开始关注信贷市场的不完美性和企业效率的异质性，如 Farhi and Tirole（2012）、Martin and Ventura（2012）、Kunieda and Shibata（2016）、Hirano and Yanagawa（2017）等，他们的研究认为，资产泡沫可以将资源从无效企业配置到有效企业，因此可以促进经济增长。

本章构建了基于熊彼特增长理论的模型，并引入资产泡沫，得出理论结论，然后对结论开展科学的实证检验。

5.1 中国经济的典型事实

本节对中国经济的两个典型事实进行说明，本章理论模型的构建将建立在这两个典型事实的基础之上。第一，资产价格与技术创新存在较强的正相关关系；第二，中国企业面临的融资约束问题较为突出。

5.1.1 资产价格与技术创新正相关

如第 2 章的文献所述，资产价格波动与技术创新水平存在密切的关系。本章以上证综指和国内外专利受理量分别表示我国资产价格和技术创新水平，如图 5－1 所示①，样本期内上证综指表现出较强的波动性，如 2007—2009 年和 2014—2015 年的大涨大跌，同样，国内外专利受理量也表现出明显的增长趋势和波动性，通过计算可得两者的相关系数为 0.549，表明两者存在较强的正相关关系。

长期来看，上证综指和国内外专利受理量均表现为增长趋势，也即伴随着资产价格的增长，我国技术创新水平也在不断提升。短期来看，上证综指和国内外专利受理量的波动是同步的，当上证综指处于上升期时，国内外专利受理量也会偏离经济长期趋势的上涨，反之，则会出现国内外专利受理量低于长期的趋势的情况。

对于资产价格和技术创新正向关系的直观解释是，当资产价格处于

① 上证综指和国内外专利受理量均经过 X12 季节性调整，然后取对数。

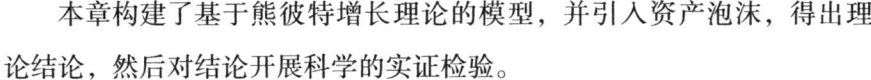

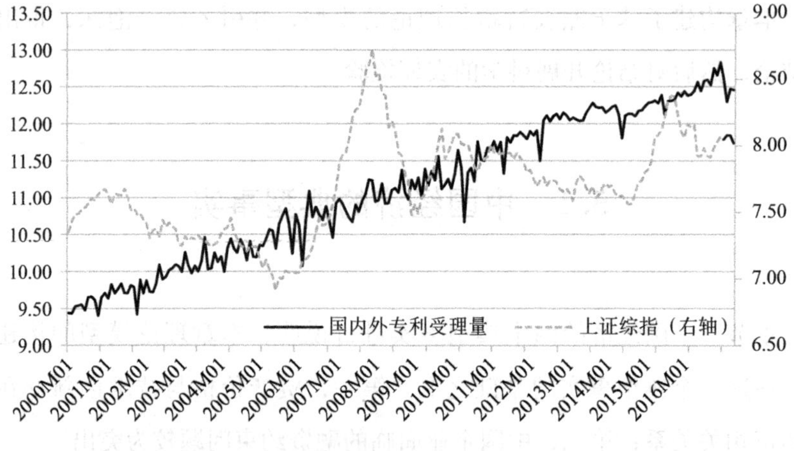

图5－1　上证综指收盘价和国内外专利受理量的变动情况

数据来源：国内外专利受理量数据来源于国家知识产权局发布的历年专利统计年报；上证综指数据来源于中经网统计数据库。

上升通道时，企业面临的抵押约束会得以放松，企业将更加便利为技术研发融资，从而专利数量也会增加，反之，当资产价格处于下降通道时，企业的抵押约束收紧，用于研发的资金相应减少，导致专利数量随之减少。

5.1.2　中国企业面临较严重的融资约束

企业的生产经营决策，包括技术创新决策等，都会受到其面临的融资约束的影响，进而会对企业的股票资产价格产生影响。参考陈彦斌和刘哲希（2017）的做法，本章使用微观调查和宏观数据测算两种方式来反映我国企业面临的融资约束情况。

微观调查方面，本章采用中国人民银行企业家调查统计的资金周转指数，即反映企业家对本企业本季资金周转情况判断的扩散指数①。如图

① 该指数的计算方法是在全部调查的企业中，先分别计算认为本季企业资金周转“良好”与“一般”的占比，再分别赋予权重1和0.5后求和得出（来源：中国人民银行调查统计司）。

5－2所示，微观调查显示，从2010年开始，我国企业融资约束程度呈现波动中收紧的趋势①。

宏观数据方面，采用王国静和田国强（2014）的方法，使用国内贷款占全社会固定资产投资到位资金的比重测度全社会企业面临的融资约束程度。该指标越大，表明固定资产到位资金中更多来源于国内贷款，表明企业面临的融资约束越宽松。如图5－2所示②，整体来看，国内贷款占固定资产投资到位资金的比重呈现波动中下降趋势，即我国企业面临的融资约束处于收紧态势，企业融资越来越难。综上，无论是微观调查还是宏观数据测算，均表明我国企业面临的融资约束程度较高，且处于不断收紧的态势。

图5－2 我国企业融资约束的变动情况

数据来源：资金周转指数来源于中国人民银行；固定资产投资资金各项数据来源于国家统计局。

① 需要指出的是，2010年之后，资金周转指数的计算方法发生了变化，2010年之前只具有参考意义。

② 国内贷款占固定资产投资到位资金比重经过了X12季节性调整。

5.2 理论模型

在 Aghion（2004）基础上，本章构建了一个简单的含有融资约束的熊彼特增长模型。设定一个封闭的经济体，只存在一种最终产品，被称为一般性商品（general goods），该商品既可用于消费，也可以是中间品和研发部门的投入，且该商品在完全竞争的企业生产。设定工人生存在一个两周期的世代交叠模式中，他们风险中性且最优化老年时期的预期消费，年轻时他们在一般性商品生产部门工作，在完全竞争的劳动力市场获取工资。经济增长源于中间品生产部门产率的提升。在第二期期初，ε 比例的工人有机会成为中间品部门的创新企业家，一旦创新成功，新型中间品就会被创造出来。这些创新企业家通过其自己的工资以及贷款来为创新活动融资。成功的企业家会支付贷款利息，第二期期末消费并且死去。总人口标准化为 1。

5.2.1 一般性商品部门

一般性商品通过以下技术进行生产：

$$G_t = L_t^{1-\alpha}\int_0^1 A_t(i)^{1-\alpha}x_t(i)^{\alpha}di \tag{5-1}$$

其中，$\alpha \in (0,1)$，t 表示时间，L_t 表示劳动力投入，$x_t(i)$ 是最新一代的中间投入品，$A_t(i)$ 是与之对应的生产率。出于简化，将劳动力正规化即 $L_t = 1$，并将一般性商品作为计价物（numeraire），可得中间投入品的价格等于其边际产出：

$$p_t(i) = \alpha A_t(i)^{1-\alpha}x_t(i)^{\alpha-1} \tag{5-2}$$

5.2.2 中间品部门

对于每个中间品部门 i ，每期会有一个创新者出生。在 $t-1$ 期出生的创新者会在第 t 期从事中间品的研发工作。令 $\mu_t(i)$ 为创新者研发成功的概率，因此中间品部门的生产率动态可表示为：

$$A_t(i) = \begin{cases} \gamma A_{t-1}, & w.p. \quad \mu_t(i) \\ A_{t-1}, & w.p. \quad 1-\mu_t(i) \end{cases} \tag{5-3}$$

其中，$\gamma > 1$ ，$A_{t-1} = \int A_{t-1}(i)di$ 为 $t-1$ 期的平均生产率水平。由于创新者同质且数量多，因此对于任意中间品部门 i 而言，研发成功的比例为 $\mu_t = \mu_t(i)$ ，平均的技术水平为：

$$A_t = \mu_t \gamma A_{t-1} + (1-\mu_t)A_{t-1} = (\mu_t \gamma + 1 - \mu_t)A_{t-1} \tag{5-4}$$

因此，技术创新增长率为：

$$g = \frac{A_t - A_{t-1}}{A_{t-1}} = \mu_t(\gamma - 1) \tag{5-5}$$

中间品生产的唯一投入品是一般性商品，且采用线性生产技术，成功的创新者 i 可以将一单位的一般性商品转化成一单位最新类型的中间品 i。因此，可得成功创新者的利润为：

$$\pi_t(i) = \pi A_t(i) \tag{5-6}$$

其中，$\pi = (1-\alpha)\alpha^{\frac{1+\alpha}{1-\alpha}}$ 为技术的边际利润（margin）。均衡时，中间品生产者最优化生产，则式（5-1）的均衡产出为：

$$G_t = \varphi A_t \tag{5-7}$$

其中，$\varphi = \alpha^{\frac{2\alpha}{1-\alpha}}$ 。因此经济增长率等于技术创新增长率。

5.2.3 研发部门

创新成功的概率采用下式计算：

$$\mu_t = \sqrt{\frac{\lambda_t N_t}{A_t^*}} \tag{5-8}$$

其中，N_t 是研发支出，$A_t^* = \gamma A_{t-1}$ 是目标的生产率水平。创新成功的概率与目标生产率水平负相关是因为随着技术水平的推进创新变得越来越困难。λ_t 是研发部门的生产率，其值越高，意味着为达到给定的创新成功概率 μ_t 所需的研发支出越少。经整理，研发支出可表示为：

$$N_t = \frac{A_t^* \mu_t^2}{\lambda_t} \tag{5-9}$$

为进行创新活动，创新者需要为研发支出进行融资，贷款额为：$D_t = N_t - \omega_{t-1}$，ω 是创新者的工资收入。由于道德风险的存在（Farhi and Tirole，2012），创新者的贷款上限为其预期收益的一定比例。即研发支出满足如下不等式：

$$N_t \leqslant q\mu_t \pi A_t^* \tag{5-10}$$

其中，$q < 1$ 为信贷乘子（credit multiplier），由制度环境决定，该值越大，表明融资约束越弱。当该约束成立时，该约束决定了最大的研发支出额。创新者通过选择研发支出 N_t 或创新概率 μ_t 以最大化其预期利润：

$$max\pi_t = \mu_t \pi A_t^* - R_t(N_t - \omega_{t-1}) = \mu_t \pi A_t^* - R_t\left(\frac{A_t^* \mu_t^2}{\lambda_t} - \omega_{t-1}\right) \tag{5-11}$$

满足式（5-10）的约束，R_t 表示利率。进一步可分为融资约束成立和融资约束不成立两种情况进行分析。首先，当融资约束不成立时，由创新者最大化式（5-11），可得无融资约束下创新成功的概率为：

$$\mu_t^* = \frac{\pi \lambda_t}{2R_t} \tag{5-12}$$

结合式（5-9），可得无融资约束下的研发支出为：

$$N_t^* = \frac{\lambda_t \pi^2 A_t^*}{4R_t^2} \tag{5-13}$$

可知，无约束的研发支出与生产率 λ_t 、目标技术水平 A_t^* 、创新的边际利润 π 正相关，与利率 R_t 负相关。其次，当融资约束式（5－10）成立时，构建拉格朗日函数，可求得受约束下的研发支出为：

$$\hat{N}_t = q\hat{\mu}_t \pi A_t^* \tag{5-14}$$

结合式（5－8）和式（5－14），可得受约束下的创新成功概率为：

$$\hat{\mu}_t = q\pi\lambda_t \tag{5-15}$$

比较式（5－12）和式（5－15）可知，对于任何 R_t 的可行取值，$q \leqslant \frac{1}{2R_t}$ 必须得到满足。

5.2.4 资本市场

时间 t 时，贷款的供给量为非创新人群的工资额之和，贷款的预期回报是 $\mu_t N_t$ ，机会成本即为储藏回报1。因此可得资金的总供给曲线为：

$$S_t = \begin{cases} (1-\varepsilon)\omega_{t-1}, & R_t \geqslant \hat{\mu}_t^{-1} = \dfrac{1}{q\pi\lambda_t} \\ 0, & R_t < \hat{\mu}_t^{-1} = \dfrac{1}{q\pi\lambda_t} \end{cases} \tag{5-16}$$

资金的总需求曲线为：

$$\begin{aligned} D_t &= \varepsilon(N_t - \omega_{t-1}) = \varepsilon[\min\{N_t^*, \hat{N}_t\} - \omega_{t-1}] \\ &= \varepsilon\left[\lambda_t \pi^2 \gamma \min\left\{\frac{1}{4R_t^2}, q^2\right\} - (1-\alpha)\varphi\right]A_{t-1} \end{aligned} \tag{5-17}$$

最小化算子反映了融资约束下借贷的上界。式（5－17）意味着需求曲线的结点（kink point）为 $R_t = \tilde{R} = \frac{1}{2q}$ ，且该结点与信贷乘子 q 存在递减的关系。资本市场的动态关系可由式（5－16）和式（5－17）所示的供求曲线进行分析。在无融资约束的情况下，均衡利率由需求曲线递减的部分决定，如图5－3所示，无约束的均衡利率为：

$$R_t^* = \sqrt{\frac{\varepsilon\pi^2\gamma\lambda_t}{4(1-\alpha)\varphi}} \tag{5-18}$$

结合式（5－6）、式（5－12）、式（5－18），可得无约束的经济增长率为：

$$g_t^* = \sqrt{\frac{(1-\alpha)\varphi\lambda_t}{\varepsilon\gamma}}(\gamma-1) \tag{5-19}$$

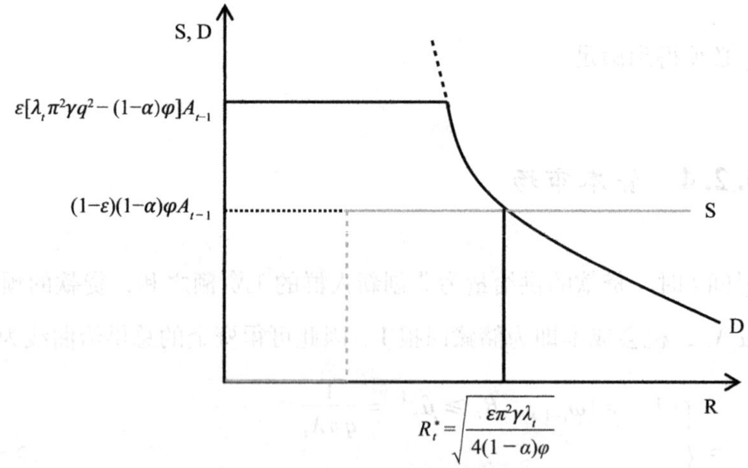

图5－3　无融资约束下的资本市场均衡

当融资约束成立时，研发投入为 $\hat{N}_t = (q\pi)^2\lambda_t A_t^*$，在此情况下，如图5－4所示，存在资本过度供给的情况，利率为 $\hat{R}_t = \hat{\mu}_t^{-1} = \frac{1}{q\pi\lambda_t}$，与之对应的约束经济增长率为：

$$\hat{g}_t = q\pi\lambda_t(\gamma-1) \tag{5-20}$$

可见，约束经济增长率低于无约束经济增长率，即 $\hat{g}_t < g_t^*$。

综上可见，存在两种方式应对融资约束下资本供给过度问题，即降低供给曲线和提高需求曲线。引入泡沫资产是降低资本供给曲线的方式之一，而研发部门的生产率冲击则是提高资本需求曲线的方式之一。

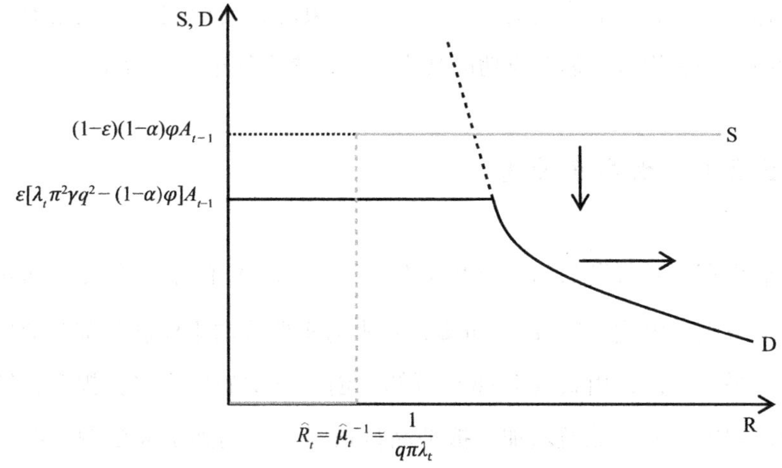

图 5 - 4 融资约束下的资本市场均衡

5.2.5 资产泡沫

很明显，在无融资约束情况下，不存在过度的资本供给，因此理性资产泡沫是不可能存在的。然而，在有融资约束情况下，存在资本过度供给情况，导致利率下降，为资产泡沫产生创造了环境（Tirole，1985），资产泡沫的产生有利于经济增长。考虑一种情形，在约束经济下，存在一种泡沫资产，该泡沫资产将 δ 比例的储蓄从年轻人转移到创新者，因此资本供给曲线（非零部分）将下降 $B_t=\delta(1-\varepsilon)(1-\alpha)\varphi A_{t-1}$，假设泡沫资本在创新者间均等分配，则泡沫下每个创新者的研发投入为 $N_t^B=\hat{N}_t+\frac{B_t}{\varepsilon}=(q+\theta_t)\pi\gamma\mu_t^B A_{t-1}$，$\theta_t=\left(-q\pi^2\gamma\lambda_t+\sqrt{q^2\pi^4\gamma^2\lambda_t^{\,2}+\frac{4\pi^2\gamma\lambda_t\delta(1-\varepsilon)(1-\alpha)\varphi}{\varepsilon}}\right)/2\pi^2\gamma\lambda_t>0$。进一步，可得创新成功的概率为 $\mu_t^B=(q+\theta_t)\pi\lambda_t$。泡沫经济增长率为 $g_t^B=(q+\theta_t)\pi\lambda_t(\gamma-1)$。由于研发支出与创新概率是单调的，因此泡沫经济增长率高于式（5 - 20）所示的受约束增长率，$g_t^B>\hat{g}_t$。

命题：当企业面临较为严重的融资约束时，资产泡沫发生会有利于企业技术创新投入，创新成功的概率上升，进而促进经济增长。

5.2.6 生产率冲击

假设存在对研发部门的外生的生产率冲击，λ_t 的上升会带来两种效应，一方面，由式（5－17）可知，资本需求曲线向下倾斜的部分会向外移动；另一方面，由式（5－8）可知，创新成功的概率将会提升，结合式（5－10），预期收益增加，抵押品价值增加，起到了放松融资约束的效果，资金需求曲线的水平部分会上移。

5.2.5 小节和本小节的分析具有丰富的含义，正向的生产率冲击是否一定能促进经济增长呢？虽然正向的生产率冲击会提高创新成功的概率，会对经济增长产生推动作用，但是如果经济体面临较严重的融资约束，其经济增长很大程度上依赖于泡沫驱动，此时正向的生产率冲击则会通过增加资本需求以减少资本供求的差距，从而限制了资产泡沫的产生，会对经济增长产生负向作用。同理，当负向的生产率冲击发生时，为资产泡沫的产生创造了条件，因此可能促进经济增长。我们的分析类似于熊彼特的创新性破坏增长理论（creative destruction theory，Aghion and Howitt，1992）。

5.3 实证研究

5.3.1 FF－TVP－SV－VAR 模型和 TVAR 模型

前文的理论分析表明，资产价格泡沫通过科技创新对经济增长产生影响，但该机制发挥作用的前提是企业面临较强的融资约束，实证分析将对该结论进行检验，为达到研究的目的，本章采取以下的实证策略：首先，使用 Koop and Korobilis（2013）提出的基于遗忘因子（forgetting factor）进行估计的参数和波动率均时变的向量自回归（TVP - SV - VAR）模型，该模型的优点在于：可以刻画资产泡沫经济增长效应的时变性，该时变性的理论基础是企业面临融资约束的变化；与 Primiceri（2005）提出的 MCMC 估计方法不同，基于遗忘因子的估计方法能显著提升估计速度，尤其在模型维度较高时优势明显。其次，为进一步明确企业融资约束的门限值（threshold value），即融资约束多大时资产泡沫促进经济增长的科技创新渠道才能发挥作用，本章使用门限向量自回归（TVAR）模型对门限值进行估计。现对两种模型逐一进行简要介绍。

TVP - SV - VAR 模型可表示为：

$$
\begin{aligned}
Y_t &= Z_t\beta_t + \varepsilon_t \\
\beta_{t+1} &= \beta_t + u_t
\end{aligned}
\tag{5-21}
$$

其中，ε_t 独立同分布于 $N(0,\Sigma_t)$，u_t 独立同分布于 $N(0,Q_t)$，且 ε_t 和 u_t 在任一时间点上相互独立，$t = 1,2,\cdots,T$。Y_t 的维度为 $M \times 1$ 的向量，M 为变量的个数，Z_t 为维度为 $M \times k$ 的矩阵，模型设定中包含截距项和 p 阶滞后，因此 $k = M(1 + pM)$。待估参数的集合可表示为 $\{\beta_t,\Sigma_t,Q_t\}_{t=1}^{T}$。

遗忘因子的方法被广泛用于状态空间模型（state - space model）的估计，尤其在计算能力有限的情况下。定义 $Y^s = (Y_1,\cdots,Y_s)'$ 为从第1个到第 s 个观测值集合。参数 $\{\beta_t\}_{t=1}^{T}$ 的贝叶斯推断使用 Kalman 滤波①，核心的滤波过程可表示为：

$$
\begin{aligned}
\beta_{t-1} \mid Y^{t-1} &\sim N(\beta_{t-1|t-1},V_{t-1|t-1}) \\
\beta_t \mid Y^{t-1} &\sim N(\beta_{t|t-1},V_{t|t-1})
\end{aligned}
\tag{5-22}
$$

其中，$V_{t|t-1} = V_{t-1|t-1} + Q_t$，注意，此处是 Q_t 进入 Kalman 滤波的唯一

① Kalman 滤波的详细介绍参见 Fruhwirth - Schnatter（2006）。

地方。但如果将 $V_{t|t-1}$ 表示成：

$$V_{t|t-1} = \frac{1}{\lambda} V_{t|t-1} \tag{5-23}$$

式（5-23）就没有必要对 Q_t 进行模拟。此时，$0 < \lambda \leqslant 1$ 被称为遗忘因子，可见当 $\lambda = 1$ 时，模型变为常系数模型。注意，第 j 期的观测值在 β_t 的滤波估计中的权重为 λ^j。本章基准估计中，参考 Raftery et al.（2010）的设定，令 $\lambda = 0.99$。与以往基于后验模拟算法估计 Σ_t 不同，Koop and Korobilis（2013）使用了几何加权移动平均（EWMA）过程来刻画波动率的变动，即：

$$\hat{\Sigma}_t = \kappa \hat{\Sigma}_{t-1} + (1-\kappa) \hat{\varepsilon}_t \hat{\varepsilon}'_t \tag{5-24}$$

其中，$\hat{\varepsilon}_t = Y_t - Z_t \beta_{t|t}$ 由 Kalman 滤波产生。κ 被称为退化因子（decay factor），Risk - Metrics（1996）建议其取值位于（0.94，0.98）之间，本章的估计中，令 $\kappa = 0.96$。式（5-21）—（5-24）就构成了 TVP - SV - VAR 模型的遗忘因子估计。

TVAR 模型可表示为：

$$Y_t = I(W_t \leqslant \tau) Z_t \beta_t^1 + I(W_t > \tau) Z_t \beta_t^2 + \varepsilon_t \tag{5-25}$$

其中，W_t 为门限变量，其既可以是 Y_t 中的某个变量，也可是外生的其他变量，τ 为待估的门限值，$I(\cdot)$ 为示性函数，括号内为真则取 1，否则取 0。参考石建勋等（2017），该模型的估计一般采用两步估计法：首先，给定 τ 的一个取值，利用线性回归法对式（5-25）进行估计，得到残差平方和（SSR），此时残差平方和为 τ 的函数；其次，将函数 SSR（τ）关于 τ 最小化，即可得到 τ 的取值。注意，可将式（5-25）延伸至包含多个门限值的模型。

5.3.2 变量选取及数据来源

本章的实证分析中包括资产价格泡沫、技术创新、经济增长和融资约束四个变量，现逐一进行介绍。

本章使用上证综指的波动率（*sv*）作为资产价格泡沫的代理变量。具体计算是：基于日度上证综指收盘价计算日历月度内的标准差，作为该月度上证综指的波动率。以波动率作为资产价格泡沫的代理变量是因为：现有研究表明，波动越大，说明股权资产价格变动越剧烈，股市泡沫发生的概率越大（Narayan et al.，2013），Rotermann and Wilfling（2014）推导了一个沟通资产泡沫和股价波动率关系的方程，并且认为当泡沫即将破灭时股价波动率最大。除此之外，Iraola and Santos（2017）认为基本面信息（如分红、利润等）波动往往较小，因此股价高波动无法由基本面信息的变动所解释，基于中国股市样本也证实了这样的观点（Girardin and Joyeux，2013）。Lansing（2008）认为投机行为会放大经济和金融变量的波动性。这些证据可以支持使用股价波动率作为泡沫代理变量的合理性。进一步，图5－5反映了上证综指波动率变动情况，由图可知存在两个明显的高波动区间，即2007—2009年和2015—2016年，前者是金融危机时期，后者则是我国股市“2015年的疯狂”时期，显然此时股市泡沫化较为严重。因此，本章认为资产价格波动率是资产价格泡沫的良好代理变量。

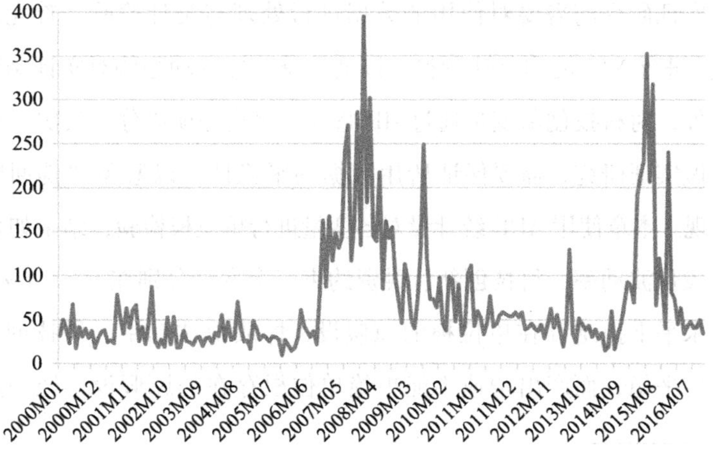

图5－5　上证综指波动率变动情况

参考 Dosi et al.（2006）、Tong et al.（2014）和周煊等（2012），本章使用专利数据作为技术创新水平的代理变量，考虑到数据的可得性，具体使用国内外专利受理量（*ti*）。与研发数据相比，专利数据更能反映企业的技术创新水平，因为技术创新是资源投入和使用效率的最终体现，代表创新产出的专利数量能更好地体现企业的创新能力（周煊等，2012）。

本章使用工业增加值的实际环比增长率（*og*）做为产出增长率的代理变量。参考王国静和田国强（2014），本章使用国内贷款占全社会固定资产投资到位资金的比重（*fc*）测度全社会企业面临的融资约束程度。

数据来源方面，上证综指日度收盘价数据来源于 WIND 数据库，国内外专利受理量数据来源于国家知识产权局发布的历年专利统计年报，工业增加值的实际环比增长率数据和社会固定资产投资到位资金各相关数据来源于中经网统计数据库（CEInet Statistics Database）。数据长度为 2000 年 1 月至 2016 年 12 月，共计 204 个观测值。

5.3.3 数据检验与描述

在实证研究前需要对使用的数据进行处理与统计检验。首先，对四个变量①进行 X12 的季节性调整，以消除季节性变动趋势对实证结果的干扰，另外，对科技创新变量通过 HP 滤波去除趋势项成分。其次，在 VAR 框架下做实证研究，需要保证所用数据的平稳性，以避免“伪回归”问题的出现。本章使用 ADF 统计量对各变量进行单位根检验，结果如表 5－1 所示。股价波动率、科技创新、融资约束三个变量分别在 1%、1% 和 5% 的置信水平下拒绝存在单位根的原假设，即股价波动率、科技创新、融资约束均平稳，而产出增速不能拒绝单位根存在的原假设，经一阶差分

① 在此之前需要对国内外专利受理量数据进行取对数处理。

后在1%显著水平下平稳。因此在模型估计时使用的是股价波动率、科技创新、融资约束的水平值和产出增速的一阶差分值①。

表5-1　　各变量单位根检验结果

变量	设定	ADF统计量	P值	显著性水平值
sv	截距项	-3.601***	0.007	-3.463（1%）
ti	截距项	-13.224***	0.000	-3.463（1%）
og	截距项	-1.130	0.704	
$\Delta(og)$	截距项	-5.705***	0.000	-3.465（1%）
fc	截距项、趋势项	-3.836**	0.017	-3.432（5%）

注：ADF检验中的最优滞后阶数由SIC信息准则确定；***、** 表示在1%和5%的显著性水平下拒绝存在单位根的原假设；$\Delta(\cdot)$ 表示对变量做一阶差分处理。

表5-2列示了各变量的统计学描述。从表中可知股价波动明显，标准差达65.771，最小值与最大值相差约43倍，分布呈现右偏且高尖峰特征。科技创新波动幅度最小，标准差为0.150，呈现左偏且高尖峰的分布特征。产出增速的变动和融资约束的波动类似，标准差分别为4.283和4.584，前者呈现左偏且高尖峰的分布特征，后者则呈现轻微左偏且低尖峰的分布特征。

表5-2　　各变量描述性统计

统计量	均值	中位数	最大值	最小值	标准差	偏度	峰度	J-B（P值）
sv	69.400	44.280	394.854	9.136	65.771	2.374	9.091	504.540（0.000）
ti	0.000	0.013	0.416	-0.762	0.150	-1.046	6.866	163.413（0.000）
$\Delta(og)$	-0.022	-0.036	17.620	-20.357	4.283	-0.441	10.794	520.385（0.000）
fc	18.710	18.523	25.528	11.537	4.584	-0.007	1.584	16.968（0.000）

注：$\Delta(\cdot)$ 表示对变量做一阶差分处理。

① FF-TVP-SV-VAR模型中按顺序使用了产出增速的一阶差分值、科技创新、股价波动率三个变量，TVAR模型中把融资约束的水平值作为门限变量，其他三个变量与前者相同。

进一步，可通过如表5－3所示的相关系数矩阵初步确定各变量之间的相关性。首先，股价波动率与技术创新的相关系数为－0.004，这与Hirano and Noriyuki（2017）的观点一致，即技术创新与资产泡沫两者间存在双向互动关系。其次，融资约束与股价波动率的相关系数为－0.249，该关系的可能解释是，资产泡沫源于金融市场的不完美性（王永钦等，2016），融资约束放松（*fc* 值上升）自然会降低泡沫发生的概率，即资产价格波动率下降。最后，融资约束与技术创新的相关系数为－0.016，表明当企业面临的融资约束越高（*fc* 值越小）时，专利受理量越多，即科技创新水平越高，这符合前文理论分析的结果。需要指出的是，从全样本来看，股价波动率与产出增速的一阶差分相关系数为0.002，但若按照融资约束大小分段来看，2000M1—2008M12 期间，平均融资约束为22.403，此时相关系数为－0.060，表明资产价格波动会对产出增速变动产生负向影响，2009M1—2016M12 期间，平均融资约束为14.605，此时相关系数为0.057，表明资产价格波动对产出增速变动产生正向影响，造成这样的结果的可能原因可由前文的理论分析解释，即只有当企业面临较为严重的融资约束时资产泡沫才能通过促进技术创新的渠道对产出增速产生正向效应。

表5－3　　各变量相关系数矩阵

变量	*sv*	*ti*	Δ(*og*)	*fc*
sv	1.000			
ti	－0.004	1.000		
Δ(*og*)	0.002	0.229	1.000	
fc	－0.249	－0.016	0.020	1.000

注：Δ(·) 表示对变量做一阶差分处理。

5.3.4 实证结果与分析

这里，使用FF－TVP－SV－VAR模型分析资产泡沫冲击的经济增长效应和技术创新效应，根据 SIC 确定模型的最优滞后阶数为 2。

图 5－6 反映了当发生正向的股票价格波动率冲击，即资产价格泡沫发生概率上升时，产出增速变动的脉冲响应。由图 5－6－A 可知，产出增速变动对股价波动率冲击的脉冲响应表现出时变特征，不同时间点上脉冲响应的程度、持久性甚至方向都表现出异质性。根据脉冲响应的表现特征可将股价波动率冲击对产出增速变动的影响分为三个阶段，第一个阶段（2000—2007 年），该阶段股价泡沫的发生对经济增长产生了负向影响，如图 5－6－B 中 2002 年 4 月的脉冲响应，一个标准差的股价波动率冲击会导致下一期产出增速变动偏离均衡状态 －0.04，产出增速的变动在约八个月后回复至均衡状态；第二阶段（2008—2014 年），该阶段股价泡沫的发生对经济增长产生的作用可能为正也可能为负，如图 5－6－B 中的 2009 年 6 月和 2010 年 6 月的脉冲响应，前者表明股价波动率冲击利于产出增速的变动，而后者则产生了轻微的负向影响；第三阶段（2015—2016 年），该阶段资产泡沫发生对经济增长产生了促进作用，如图 5－6－B 中 2016 年 2 月的脉冲响应，股价波动率冲击导致产出增速变动偏离均衡状态约 0.032，该影响在第八期后逐渐消失。

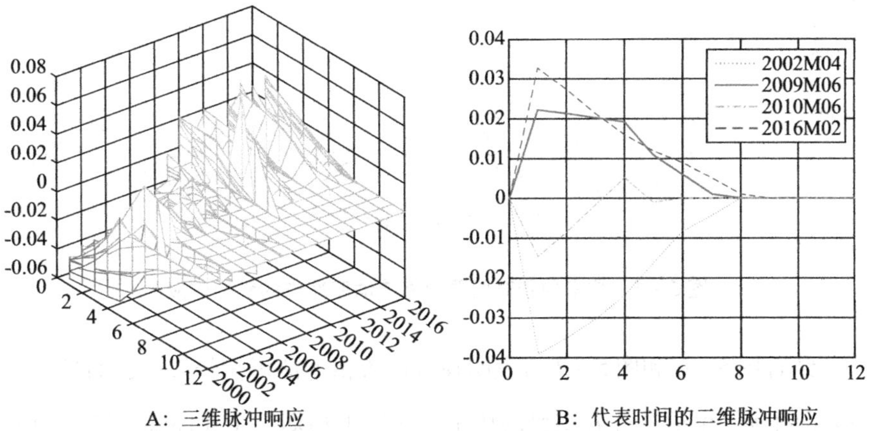

A：三维脉冲响应　　　　B：代表时间的二维脉冲响应

图 5－6　产出增速变动对股票价格波动率冲击的脉冲响应

图5－7反映了股价波动率冲击发生对技术创新造成的影响。如图5－7所示，技术创新对股价波动率冲击的脉冲响应基本为正，即资产泡沫的发生通过抵押约束放松渠道放松了企业为技术创新的融资，因此泡沫发生有利于技术创新，这与前文的理论分析一致。另外，可以看到样本期内，脉冲响应表现出明显的时变特征，基本的趋势是技术创新对股价波动率冲击的反应变得越来越强烈，如前文的分析，我国企业面临的融资约束程度在不断加深，而随着融资约束的收紧，资产泡沫的发生越能起到放松融资约束的作用，因此技术创新得到了更多的实现，具体来看，在样本初期，企业面临的融资约束相对宽松，此时发生股价波动率冲击会导致技术创新偏离均衡状态约0.005，在第二期达到最大，在第八期逐渐消失，但在样本期末，企业面临的融资约束相对紧张，此时发生股价波动率冲击会导致技术创新偏离均衡状态约0.025，是前者的5倍。

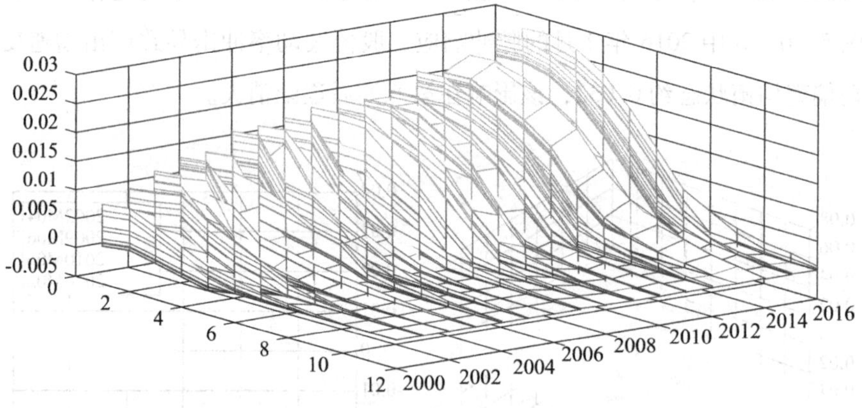

图5－7　技术创新对股票价格波动率冲击的脉冲响应

结合图5－6和图5－7可表明在资产价格泡沫影响经济增长的过程中“技术创新”渠道发挥着重要的作用。在样本初期，企业面临的融资约束相对宽松，此时发生资产泡沫对技术创新的正向作用较弱，资产泡沫通过其他渠道，如陈彦斌和刘哲希（2017）提出的泡沫挤出投资渠道，对经济增长产生的负面影响超过了技术创新的正面效应，表现为图 5 - 6 所示的脉冲响应为负值。在样本末期，企业面临的融资约束相对紧张，此时资产泡沫发生会对技术创新产生较强的正向促进作用，虽然资产泡沫可能通过其他渠道对经济增长产生负向作用，但资产泡沫的正向技术创新效应大过其他渠道的负向效应，因此表现出如图 5 - 6 所示的脉冲响应为正值。而介于两者之间时，资产泡沫的经济增长效应的正负取决于其他渠道和技术创新渠道对经济增长产生作用的相对大小，结果表现为图 5 - 6 所示的脉冲响应时负时正。

为进一步确定“资产泡沫通过技术创新对经济增长产生作用”机制所依赖的融资约束的临界值，本章使用 TVAR 模型对此进行识别，门限值采用格点搜索（grid search）法得到，根据 SIC 确定最优的滞后阶数为 2。本章以融资约束为门限变量，分别进行了一个门限值和两个门限值的识别，识别过程如图 5 - 8 所示。在一个门限值的模型中可以看到（图 5 - 8 - A），当融资约束（*fc*）>12.697 时，此时融资约束相对宽松，资产泡沫发生并不能对企业技术创新产生促进作用，相反，当融资约束（*fc*）≤ 12.697 时，此时融资约束相对紧张，资产泡沫发生起到了放松企业为技术创新融资的约束。在两个门限值的模型中（图 5 - 8 - B），识别出的两个融资约束的门限值分别为 12.697 和 18.561，与一个门限值的模型不同的是，此时识别出了一个模糊的区域，即当融资约束介于两个门限值之间时，资产泡沫发生对技术创新的影响是不明确的。总之，TVAR 模型的使用进一步检验了本章的理论结论，通过门限值的识别也是对研究结论的进一步丰富。

根据上文两个门限值的设定，将样本划分为三个子区间，但由于子区间在时间上的非连续性，因此无法对变量之间关系进行 Granger 因果检验，但可通过观测 TVAR 模型中各变量系数的变化来确定融资约束的高

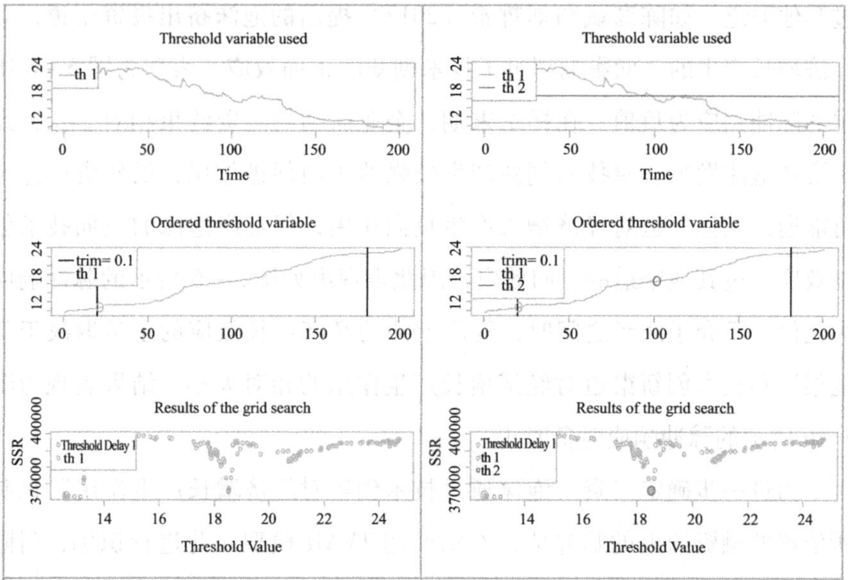

A：一个门限值（12.697）　　B：两个门限值（12.697，18.561）

图 5-8　融资约束门限值的识别过程

低对“资产泡沫通过技术创新对经济增长产生作用”机制产生的非对称影响。表 5-4 分区间列示了 TVAR 模型的回归结果。可以看到，在区间 1，此时企业面临较为严重的融资约束，股价波动率的滞后一期［*sv*(-1)］对科技创新（*ti*）的影响系数为 0.879，表明资产价格泡沫的产生有利于科技创新成果的增加，同样对产出增速变动［Δ(*og*)］的影响系数为 1.875，表明此时发生资产泡沫对经济增长是有利的。在区间 3，此时企业面临较为宽松的融资约束，股价波动率的滞后一期对科技创新和产出增速变动的影响系数分别为 -0.544 和 -0.102，表明此时发生资产泡沫不利于企业科技创新，会对经济增长产生负向作用。在区间 2，此时企业面临中等的融资约束，在本样本内，资产泡沫发生会对企业科技创新和经济增长产生轻微的负面影响。因此，该回归结果与前文的理论结论一致。

表5-4 TVAR模型的回归结果

解释变量	区间1：$fc \leq 12.697$（高融资约束）			区间2：$12.697 < fc \leq 18.561$（中等融资约束）			区间3：$fc > 18.561$（低融资约束）		
	sv	*ti*	Δ(*og*)	*sv*	*ti*	Δ(*og*)	*sv*	*ti*	Δ(*og*)
sv(-1)	0.315	0.879	1.875	0.295	-0.000	0.002	0.248	-0.544	-0.102
ti(-1)	-96.634	0.348	-0.546	46.729	0.094	-1.803	-2.221	0.068	0.839
Δ(*og*)(-1)	-68.951	0.055	-0.338	-0.786	-0.008	-0.776	-0.017	0.000	-0.872
sv(-2)	0.347	0.000	0.001	0.189	0.000	-0.007	0.715	0.000	-0.003
ti(-2)	-145.174	0.151	0.999	-35.000	0.023	-1.301	5.755	-0.263	-0.912
Δ(*og*)(-2)	-4.186	-0.042	-0.201	-0.509	-0.004	-0.324	0.271	-0.000	-0.403
常数项	37.781	-0.002	-0.149	30.274	0.011	-0.087	7.116	-0.003	0.328

注：·(-1)表示变量的一阶滞后；·(-2)表示变量的二阶滞后；Δ(·)表示对变量做一阶差分处理。

5.4 本章小结

当前，我国经济正在进行增长动力的转换，由过去依赖资本和劳动力积累转变为技术创新和人力资本提升。与此同时，我国资产价格的快速上涨引发了各界对经济泡沫化的讨论。在此背景下，本章从理论和实证两方面研究了资产价格泡沫发生通过技术创新渠道对经济增长产生的影响。

理论方面，本章基于Aghion（2004）模型构建了符合我国实际的熊彼特增长理论的分析框架，该框架融合了我国经济的两个典型事实，即技术创新与资产价格正相关和我国企业面临较为严重的融资约束。企业家为研发进行融资，但满足融资约束，由于融资约束的存在，资本市场会出现资金供给大于需求的情况，此时企业家可通过生产泡沫资产的形式获取资金，最终达到资本市场的均衡，因此企业家得到了研发所需资金，增加研发投入，研发成功的概率上升，本章证明了有泡沫时的经济增速会高于无泡沫时的经济增速，即资产泡沫可通过“技术创新”效应促进经济增长。

基于以上理论分析，本章使用新近发展的基于遗忘因子估计的 TVP－SV－VAR 模型和 TVAR 模型，结合我国 2000—2016 年月度数据开展实证研究。首先，实证分析的结论与理论研究一致，即资产价格泡沫可促进企业技术创新，进而有利于经济稳增长；其次，实证研究表明，资产泡沫技术创新效应的强弱取决于企业面临的融资约束程度，表现出时变特征，企业面临融资约束越紧，资产泡沫的技术创新效应越强；最后，使用 TVAR 模型，本章识别了样本期内我国融资约束的两个门限值，即 12.697 和 18.561，低于 12.697 时，资产泡沫可通过技术创新效应促进经济增长，高于 18.561 时，资产泡沫的技术创新效应较弱，资产泡沫通过其他渠道对经济增长产生负向作用。

第6章　资产泡沫与经济波动

2008年金融危机后，资产价格（泡沫）与宏观经济波动的关系成为各界广泛关注的议题。如图6-1所示，1993年至2015年，中国股市市值占GDP比重发生了巨大的变化，除去长期增长的趋势性变动外，可以看到该比重还出现了较大的波动，这种波动无法由基本面信息（如宏观经济、新股发行等）充分解释，表明中国股票市场可能存在泡沫，进一步可以看到，以GDP、消费和投资为代表的主要宏观变量增长率的波动明显，且（尤其在2000年以后）表现出与股市市值占GDP比重的同趋势变动，股市市值占GDP比重较高时，GDP、消费和投资的实际增长率也较高，反之亦然。上述分析表明了资产价格（泡沫）的顺周期波动，同样的分析适用于美国股票市场和宏观变量。值得研究的问题是：经济变量的繁荣与萧条由什么因素驱动？什么因素有助于解释资产价格的顺周期性？

已有较多文献对经济周期的驱动因素展开研究[①]，但只有较少的研究将资产价格纳入其中（Schmitt - Grohe and Uribe，2012），Jordà et al.（2017）指出，由于经济金融化程度的加深，经济周期的基本特征已经发生了变化，将关键的金融变量，如银行信贷、资产价格等引入经济周期模型成为必要。与本章研究关系最为紧密的几篇文献均表明，资产泡沫

① 针对发达经济体构建的经济周期模型可参见Smets and Wouters（2003）、Christiano et al.（2005）。针对新兴市场经济体构建的经济周期模型可参见Aguiar and Gopinath（2007）、García - Cicco et al.（2010）。

冲击是驱动经济周期的显著因素，如 Martin and Ventura（2012）、Luik and Wesselbaum（2015）、Miao et al.（2015）等。

本章将构建符合我国现实经济情况的包含资产价格泡沫的动态随机一般均衡模型以分析资产泡沫冲击所带来的经济波动效应。

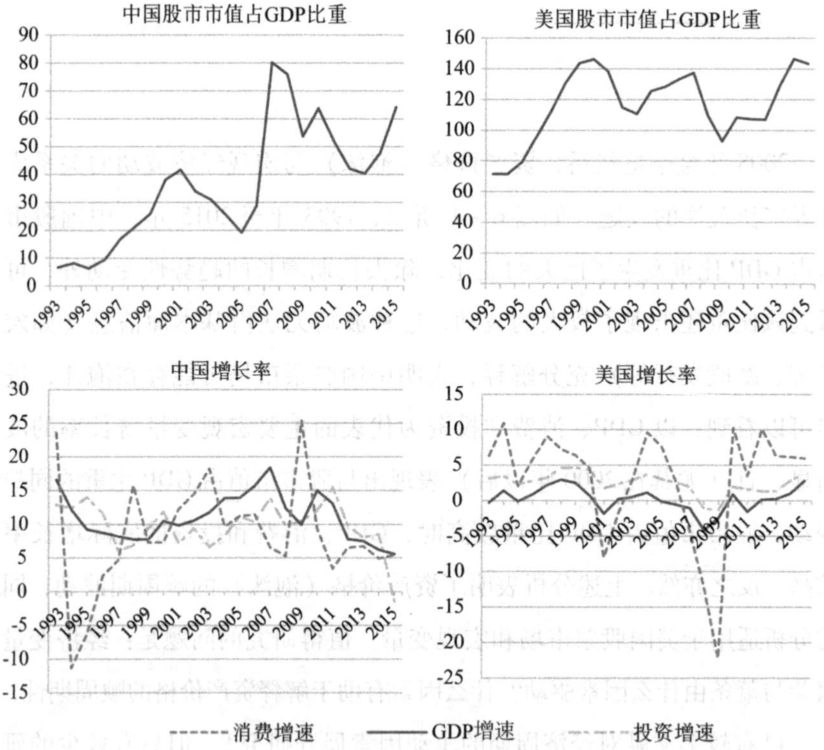

图6-1　中、美股市市值与主要宏观变量实际增速

数据来源：FRED 数据库及作者计算。

6.1　理论模型

本章在 Smets and Wouters（2003）和 Christiano et al.（2005）模型基

础上，构建了包含股票价格的多部门动态随机一般均衡（DSGE）模型。参考 Miao et al.（2015），本章引入股价泡沫变动的情绪冲击，用来分析股市泡沫对经济波动带来的影响。模型的基本结构如图 6－2 所示，包含家庭、企业、资本品生产商和金融中介（以银行为例）四个部门，家庭向企业提供劳动赚取工资，在股票市场进行企业股票的交易且消费企业最终产品，向金融中介提供存款。企业利用劳动和资本品生产商提供的投资品生产最终产品，并向银行贷款为其生产融资。资本品生产商利用最终产品生产投资品，并将其利润转移给家庭。

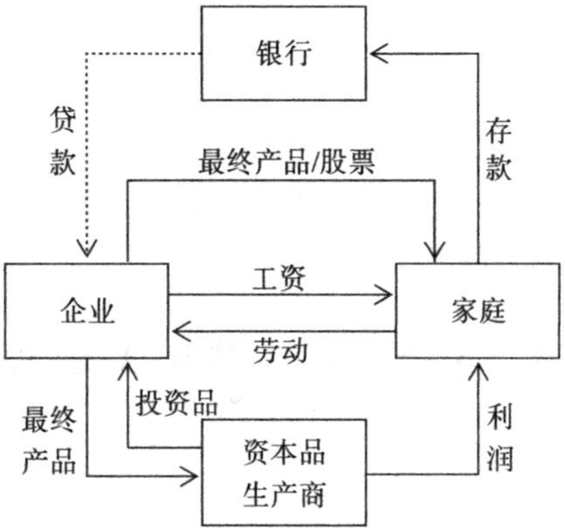

图 6－2　模型基本结构

6.1.1　家庭

家庭部门由连续的同质个体组成，每个家庭从消费和劳动中获取效用，效用函数服从如下形式：

$$E_0 \sum_{t=0}^{\infty} \beta^t \left[ln(C_t) + \psi_t \frac{(1 - N_t)^{1+\varphi}}{1+\varphi} \right] \tag{6-1}$$

其中，$\beta \in (0,1)$ 是主观贴现因子，C_t 是消费水平，N_t 是劳动时间，ψ_t 是劳动供给冲击，设定 ψ_t 服从 AR（1）过程，φ 为逆弗里希劳动弹性。由

图 6－2 的模型结构可以得出，代表性家庭的预算约束为如下形式：

$$C_t + P_t^s s_{t+1} + \frac{d_{t+1}}{R_{dt}} \leqslant \omega_t N_t + \Pi_t + (D_t + P_t^s) s_t + d_t \qquad (6-2)$$

其中，s_t 、P_t^s 、d_t 、R_{dt} 、ω_t 、Π_t 和 D_t 分别表示企业股票、股票价格、金融中介中的存款、存款利率、工资率、作为资本品产商获取的利润和股票分红，且 $s_0 = 1, d_0 = 0$ 。需要强调的是，家庭满足借款约束，即 $d_t \geqslant 0$ ，Kocherlakota（2009）证明没有该借款约束，资产泡沫将无法存在。均衡时，$s_t = 1$ 。构造拉格朗日函数，分别对 N_t 、C_t 和 d_{t+1} 求导，可得代表性家庭的一阶条件如下：

$$\Lambda_t \omega_t = \psi_t (1 - N_t)^{\varphi} \qquad (6-3)$$

$$\Lambda_t = \frac{1}{C_t} \qquad (6-4)$$

$$\frac{1}{R_{dt}} \geqslant \beta E_t \frac{\Lambda_{t+1}}{\Lambda_t} \qquad (6-5)$$

当 $d_{t+1} > 0$ 时，式（6－5）取等。其中，Λ_t 是拉格朗日乘子或消费的边际效用。

6.1.2 企业

企业生产最终产品且由标准化为 1 的连续个体组成。家庭部门相信企业的股票存在泡沫并且会以一定的概率破灭，基于理性预期理论，泡沫一旦破灭就不会再产生，否则就会存在套利机会。因此，当所有泡沫都破灭后，除非有新企业进入经济体，否则经济体将不存在泡沫。出于简化，参考 Gertler and Karadi（2011）的设定，假定企业进入与退出是外生决定的。企业在每个时期都有 δ_e 的外生概率退出市场，退出后新企业随之进入市场，因此维持企业总数不变，新企业可能会将新泡沫带入经济体，初始资本存量为 K_{0t}。

企业$j \in [0,1]$利用资本K_t^j和劳动N_t^j组织生产最终产品Y_t^j，生产函数采用柯布·道格拉斯（CD）形式：

$$Y_t^j = (A_t N_t^j)^{1-\alpha}(u_t^j K_t^j)^{\alpha} \tag{6-6}$$

其中，$\alpha \in (0,1)$，u_t^j是资本利用率，A_t是全要素生产率冲击，设定lnA_t服从AR（1）过程。定义资本折旧率$\delta_t^j = \delta(u_t^j)$，其中$\delta$是二阶连续可微映射在$[0,1]$区间上的凸函数，因此资本存量的动态变动符合如下关系：

$$K_{t+1}^j = (1-\delta_t^j)K_t^j + \varepsilon_t^j I_t^j \tag{6-7}$$

其中，$I_t^j \geqslant 0$表示投资，ε_t^j是投资效率①，参考Miao et al.（2015）设定ε_t^j独立同分布于均值为1且$[\varepsilon_{min}, \varepsilon_{max}] \in (0, +\infty)$累计分布函数为$\Phi$、密度函数为$\phi$的分布。

给定工资率ω_t和资本利用率u_t^j。企业选择劳动力需求N_t^j解决以下最优化问题：

$$R_t u_t^j K_t^j = \max_{N_t^j}(A_t N_t^j)^{1-\alpha}(u_t^j K_t^j)^{\alpha} - \omega_t N_t^j$$

可求得：

$$R_t \equiv \alpha\left[\frac{(1-\alpha)A_t}{\omega_t}\right]^{(1-\alpha)/\alpha} \tag{6-8}$$

在每个时期t，企业j从资本品生产商以价格P_t购买投资资本用于投资I_t^j。因此，其资金流约束满足如下关系：

$$D_t^j + L_t^j + P_t I_t^j = R_t u_t^j K_t^j + \frac{L_{t+1}^j}{R_{ft}} \tag{6-9}$$

式（6-9）左侧表示企业资金流出，右侧表示资金流入。其中，$L_{t+1}^j > 0$（< 0）代表借款（储蓄），R_{ft}代表利率，$D_t^j > 0$（< 0）代表企业分红（发行新股）。考虑到企业外部融资的金融市场不是完美的，企业发

① 为了便于处理，假设资本利用率决策是在投资效率实现之前做出的，因此最优的资本利用率与投资效率无关。

行新股需要满足如下约束：

$$D_t^j \geqslant -\eta_t K_t^j \tag{6-10}$$

其中，η_t 是新股发行的外生随机冲击①。另外，企业借款也需满足如下信贷约束：

$$\underbrace{E_t \frac{\beta\Lambda_{t+1}}{\Lambda_t}\overline{V}_{t+1,\tau+1}(K_{t+1}^j, L_{t+1}^j)}_{\text{持续经营的企业价值}}$$

$$\geqslant \underbrace{E_t \frac{\beta\Lambda_{t+1}}{\Lambda_t}\overline{V}_{t+1,\tau+1}(K_{t+1}^j, 0) - E_t \frac{\beta\Lambda_{t+1}}{\Lambda_t}\overline{V}_{t+1,\tau+1}(\xi_t K_t^j, 0)}_{\text{债务违约的净企业价值}} \tag{6-11}$$

其中，$\overline{V}_{t,\tau}(k_t, l_t) \equiv \int V_{t,\tau}(k_t, l_t, \varepsilon)d\Phi(\varepsilon)$ 表示积分掉 ε 之后的值函数，$V_{t,\tau}(k_t, l_t, \varepsilon)$ 表示时间 t 寿命为 τ 的企业在发生了投资效率冲击 ε 后的市场价值。ξ_t 表示信贷市场的抵押约束。式（6-11）反映了企业与贷款者之间的合约问题，左侧表示企业履行债务 L_{t+1}^j 的情况下持续经营的价值，右侧表示企业违约情况下所得净价值，即企业在无债务下的市场价值减去抵押约束资产部分带来的市场价值。满足式（6-11）可以确保企业不会违约。

企业 j 的决策可表示为如下的动态规划问题：

$$V_{t,\tau}(K_t^j, L_t^j, \varepsilon_t^j) = \max_{I_t^j, u_t^j, L_{t+1}^j} R_t u_t^j K_t^j + \frac{L_{t+1}^j}{R_{ft}} - L_t^j - P_t I_t^j$$

$$+ (1-\delta_e)E_t \frac{\beta\Lambda_{t+1}}{\Lambda_t}\overline{V}_{t+1,\tau+1}(K_{t+1}^j, L_{t+1}^j, \varepsilon_{t+1}^j) \tag{6-12}$$

满足式（6-7）、式（6-11）和式（6-13）：

$$R_t u_t^j K_t^j + \eta_t K_t^j + \frac{L_{t+1}^j}{R_{ft}} - L_t^j \geqslant P_t I_t^j \geqslant 0 \tag{6-13}$$

式（6-13）的推导使用了式（6-9）和式（6-10）。参考 Hayashi

① 后文将会看到，该外生冲击会以金融市场条件冲击的一部分进行识别。

(1982)，猜测值函数采取如下形式①：

$$V_{t,\tau}(K_t^j,L_t^j,\varepsilon_t^j)=v_t(\varepsilon_t^j)K_t^j+b_{t,\tau}(\varepsilon_t^j)-v_{Lt}(\varepsilon_t^j)L_t^j \tag{6-14}$$

由于存在式（6－11）所示的信贷约束，企业值函数中包含了泡沫成分 $b_{t,\tau}(\varepsilon_t^j)$ 。需要强调的是，$b_{t,\tau}(\varepsilon_t^j)=0$ 或者 $b_{t,\tau}(\varepsilon_t^j)>0$ 都可以是均衡解，依赖于经济行为人的信念。定义股价为 $P_{t,\tau}^{S,j}=(1-\delta_e)E_t\frac{\beta\Lambda_{t+1}}{\Lambda_t}\bar{V}_{t+1,\tau+1}(K_{t+1}^j,L_{t+1}^j)$ 。结合式（6－14）的猜解，可得：

$$P_{t,\tau}^{S,j}=Q_tK_{t+1}^j+B_{t,\tau}-\frac{L_{t+1}^j}{R_{ft}} \tag{6-15}$$

$$Q_t=(1-\delta_e)E_t\frac{\beta\Lambda_{t+1}}{\Lambda_t}v_{t+1}(\varepsilon_{t+1}^j)$$

$$B_{t,\tau}=(1-\delta_e)E_t\frac{\beta\Lambda_{t+1}}{\Lambda_t}b_{t+1,\tau+1}(\varepsilon_{t+1}^j) \tag{6-16}$$

可见，Q_t 和 $B_{t,\tau}$ 分别为资本的影子价格（也即 Tobin 边际 Q）和企业的平均泡沫水平。给定式（6－14）、式（6－15）和式（6－16），可将信贷约束进一步写成：

$$Q_t\xi_tK_{t+1}^j+B_{t,\tau}\geqslant\frac{L_{t+1}^j}{R_{ft}} \tag{6-17}$$

式（6－17）意味着泡沫的存在对信贷约束有放松作用，可以预见泡沫的存在会增加投资，如式（6－18）所示。因此，含有泡沫的企业 j 的最优投资水平满足以下关系：

$$P_tI_t=\begin{cases}R_tu_t^jK_t^j+\eta_tK_t^j+Q_t\xi_tK_{t+1}^j+B_{t,\tau}-L_t^j, & \text{如果 } \varepsilon_t^j\geqslant\frac{P_t}{Q_t}\\ 0, & \text{其他}\end{cases} \tag{6-18}$$

式（6－18）所反映的企业投资决策符合直觉，购买单位投资品的成本是 P_t ，单位投资带来的收益是边际 Q 和投资效率的乘积，当收益大于

① 由于本章采用规模报酬不变的生产技术，因此猜测值函数采取线性形式。

成本即 $\varepsilon_t^j Q_t \geqslant P_t$ 时，企业会选择投资，否则不投资。每个企业会选择相同的资本利用率，满足如下关系式：

$$R_t(1 + G_t) = Q_t\delta'(u_t), \tag{6-19}$$

其中，$G_t = \int_{\varepsilon \geqslant P_t/Q_t}\left(\frac{Q_t}{P_t\varepsilon} - 1\right)d\Phi(\varepsilon)$ ，式（6－19）反映了单位资本利用率提高带来的成本与收益的权衡，资本利用率提高会引致折旧率上升带来成本，即式（6－19）右侧，同时资本利用率的上升会带来更多的投资收益，即式（6－19）左侧。泡沫、资本的影子价格和贷款利率分别满足如下关系式：

$$B_{t,\tau} = (1 - \delta_e)E_t\frac{\beta\Lambda_{t+1}}{\Lambda_t}B_{t+1,\tau+1}(1 + G_{t+1}) \tag{6-20}$$

$$Q_t = (1 - \delta_e)E_t\frac{\beta\Lambda_{t+1}}{\Lambda_t}\{u_{t+1}R_{t+1} + Q_{t+1}[1 - \delta_{t+1}(u_{t+1})] + G_{t+1}[u_{t+1}R_{t+1} + \xi_{t+1}Q_{t+1} + \eta_{t+1}]\} \tag{6-21}$$

$$1 = (1 - \delta_e)E_t\frac{\beta\Lambda_{t+1}}{\Lambda_t}(1 + G_{t+1})R_{ft} \tag{6-22}$$

式（6－20）为泡沫必须满足的无套利条件，持有泡沫的成本是 $B_{t,\tau}$ ，即式左侧，收益包括泡沫增值 $B_{t+1,\tau+1}$ 和分红 $B_{t+1,\tau+1}G_{t+1}$ ，即式右侧。式（6－21）是边际 Q 的资产定价方程，包括 $u_{t+1}R_{t+1}$ 的租金率（机会成本），折旧资本出售获益 $Q_{t+1}[1 - \delta_{t+1}(u_{t+1})]$ 和投资收益 $G_{t+1}[u_{t+1}R_{t+1} + \xi_{t+1}Q_{t+1} + \eta_{t+1}]$ 。式（6－22）是利率的资产定价方程，左侧表明企业 t 储蓄 1 单位资本，右侧表示 $t+1$ 期企业继续存在情况下（$1-\delta_e$）获取 R_{ft} 单位的利息以及将利息投资获得的收益 $G_{t+1}R_{ft}$ 。

6.1.3 情绪冲击

为了刻画家庭对泡沫动态的信念，本章参考 Miao et al.（2015）引入情绪冲击①，Benhabib et al.（2016）同样认为，情绪是驱动资产价格和宏观经济波动的显著因子。假设家庭相信在时间 t 的新企业以概率 ϑ 包含泡沫 $B_{t,0} = b_t^* > 0$，因此总体的泡沫水平为 $\vartheta\delta_e b_t^*$。假设在时间 $t+\tau$，任意两个在 t 和 $t+1$ 期建立的企业的相对泡沫大小为：

$$\frac{B_{t+\tau,\tau}}{B_{t+\tau,t-1}} = \theta_t, t \geqslant 0, \tau \geqslant 1 \tag{6-23}$$

其中，θ_t 服从如下的均值反转（mean-reverted）的外生过程：

$$ln\theta_t = (1-\rho_\theta)\bar{\theta} + \rho_\theta ln\theta_{t-1} + \varepsilon_{\theta,t} \tag{6-24}$$

其中，$\bar{\theta}$ 是均值，$\rho_\theta \in (-1,1)$ 是持续参数，$\varepsilon_{\theta,t}$ 独立同分布于均值为0方差为 σ_θ^2 的正态分布。该过程可表示为一种情绪冲击，该冲击可以反映泡沫的波动。可见情绪冲击会影响到泡沫的相对大小。

6.1.4　资本品生产商

资本品生产商利用最终产品以及在满足调整成本的情况下生产新的投资品，并以 P_t 的价格将投资品卖给有投资机会的企业。因此，资本品生产商通过以下目标函数选取 $\{I_t\}_{t=1}^{T}$ 以实现利润最大化：

$$\max_{\{I_t\}} E\sum_{t=0}^{\infty}\beta^t\frac{\Lambda_t}{\Lambda_0}\left\{P_tI_t - \left[1+\frac{\Omega}{2}\left(\frac{I_t}{I_{t-1}}-\bar{\lambda}_I\right)^2\right]\frac{I_t}{Z_t}\right\} \tag{6-25}$$

其中，$\bar{\lambda}_I$ 是稳态时总投资的增长率，$\Omega > 0$ 是调整成本参数，Z_t 是投资专有的技术冲击，参考 Justiniano et al.（2011）的设定，假设 $Z_t = Z_{t-1}\lambda_{zt}$，$ln\lambda_{zt}$ 服从 AR（1）过程。求解以上最优化问题，可得投资品的最优产量满足如下关系式：

① 陈其安和雷小燕（2017）基于中国数据的研究同样认为投资者情绪与股票价格波动存在正向关系。

$$Z_t P_t = 1 + \frac{\Omega}{2}\left(\frac{I_t}{I_{t-1}} - \bar{\lambda}_I\right)^2 + \Omega\left(\frac{I_t}{I_{t-1}} - \bar{\lambda}_I\right)\frac{I_t}{I_{t-1}}$$
$$- \beta E_t \frac{\Lambda_{t+1}}{\Lambda_t}\Omega\left(\frac{I_{t+1}}{I_t} - \bar{\lambda}_I\right)\frac{Z_t}{Z_{t+1}}\left(\frac{I_{t+1}}{I_t}\right)^2 \quad (6-26)$$

6.1.5 均衡动态系统

定义 $K_t = \int K_t^j dj$ 是 $t-1$ 期末且退出冲击发生前所有企业加总的资本存量，X_t 表示退出冲击发生后新投资和折旧发生前的资本存量。

$$X_t = (1-\delta_e)K_t + \delta_e K_{0t} \quad (6-27)$$

定义总产出和总劳动时间分别为 $Y_t = \int_0^1 Y_t^j dj$ 和 $N_t = \int_0^1 N_t^j dj$ 。由于均衡时企业具有同样的资本利用率，因此具有相同的资本劳动比，考虑到生产函数的线性同质特征，可证明：

$$Y_t = (A_t N_t)^{1-\alpha}(u_t X_t)^{\alpha} \quad (6-28)$$

因此，可求得工资率为：

$$\omega_t = \frac{(1-\alpha)Y_t}{N_t} \quad (6-29)$$

定义 B_t^a 为 t 时期的总泡沫，将所有企业泡沫水平加总并结合式（6－23）可得：

$$B_t^a = \sum_{\tau=0}^{t}(1-\delta_e)^{\tau}\delta_e \vartheta B_{t,\tau} \equiv m_t b_t^* \quad (6-30)$$

其中，m_t 服从如下递归过程：

$$m_t = m_{t-1}(1-\delta_e)\theta_{t-1} + \delta_e \vartheta \quad (6-31)$$

其中 $m_0 = \delta_e \vartheta$ 。只要满足 $(1-\delta_e)\bar{\theta} < 1$ ，过程 $\{m_t\}$ 在稳态附近就是平稳的。结合式（6－20）和式（6－23），可得：

$$b_t^* = \beta(1-\delta_e)\theta_t E_t \frac{\Lambda_{t+1}}{\Lambda_t} b_{t+1}^*(1+G_{t+1}) \tag{6-32}$$

将式（6－32）代入式（6－30），可得：

$$B_t^a = \beta(1-\delta_e)\theta_t E_t \frac{\Lambda_{t+1}}{\Lambda_t}\frac{m_t}{m_{t+1}} B_{t+1}^a(1+G_{t+1}) \tag{6-33}$$

式（6－33）是对经济体中总泡沫水平的约束。式（6－31）和式（6－33）表明，情绪冲击会影响到泡沫的相对大小和总泡沫水平。将式（6－15）所示的企业股价加总，得到股票市场的企业总股价为：

$$P_t^s = Q_t K_{t+1} + B_t^a \tag{6-34}$$

式（6－34）表明，加总的股价由两部分组成：基本面价值 $Q_t K_{t+1}$ 和泡沫 B_t^a 。金融中介是完全竞争的，意味着存贷款利率相等，$R_{dt} = R_{ft}(1-\delta_e)$ 。由式（6－5）和 $G_{t+1} > 0$ 可得：

$$\frac{1}{R_{dt}} = \frac{1}{R_{ft}(1-\delta_e)} = \beta E_t \frac{\Lambda_{t+1}}{\Lambda_t}(1+G_{t+1}) > \beta E_t \frac{\Lambda_{t+1}}{\Lambda_t} \tag{6-35}$$

银行贷款市场出清意味着 $L_t = \int L_t^j dj = 0$ ，即具有高投资效率冲击的企业会借款并投资，而其他企业进行储蓄和放贷。定义总投资为 $I_t = \int I_t^j dj$ ，根据式（6－18）和大数定律，可得总投资满足如下关系：

$$P_t I_t = [(u_t R_t + \xi_t Q_t + \eta_t) X_t + B_t^a] \int_{\varepsilon > P_t/Q_t} d\Phi(\varepsilon) \tag{6-36}$$

类似地，可得总资本存量的动态演进为：

$$K_{t+1} = (1-\delta_t) X_t + \int I_t^j \varepsilon_t^j dj = (1-\delta_t) X_t + I_t \frac{\int_{\varepsilon > P_t/Q_t} \varepsilon d\Phi(\varepsilon)}{\int_{\varepsilon > P_t/Q_t} d\Phi(\varepsilon)} \tag{6-37}$$

利用式（6－10）和式（6－17），可得企业总的外部融资能力为：

$$\eta_t K_t + \xi_t Q_t K_t + B_t^a \tag{6-38}$$

该融资能力的变动反映了整个金融市场条件的变化，出于简化可表示为单一的金融条件冲击：

$$\zeta_t \equiv \frac{\eta_t}{Q_t} + \xi_t \tag{6-39}$$

假设 $ln\zeta_t$ 服从 AR（1）过程，进一步可将企业的外部融资能力表示成 $\zeta_t Q_t K_t + B_t^a$。将式（6-39）代入式（6-21）和式（6-36），可得：

$$Q_t = \beta(1-\delta_e)E_t\frac{\Lambda_{t+1}}{\Lambda_t}[u_{t+1}R_{t+1} + Q_{t+1}(1-\delta_{t+1}) + (u_{t+1}R_{t+1} + \zeta_{t+1}Q_{t+1})G_{t+1}]$$

$$P_tI_t = [(u_tR_t + \zeta_tQ_t)X_t + B_t^a]\int_{\varepsilon > P_t/Q_t} d\Phi(\varepsilon) \tag{6-40}$$

经济体的资源约束为：

$$C_t + \left[1 + \frac{\Omega}{2}\left(\frac{I_t}{I_{t-1}} - \bar{\lambda}_I\right)^2\right]\frac{I_t}{Z_t} = Y_t \tag{6-41}$$

综上，本章构建的模型包含 5 个随机外生冲击 $\{\varphi_t, \ln(A_t), \theta_t, \ln(\lambda_{zt}), \ln(\zeta_t)\}_{t=1}^{T}$，给定随机外生冲击的初始条件，结合以上均衡条件并将其在稳态处对数线性化可以确定 15 个内生变量的时间序列 $\{Y_t, C_t, I_t, N_t, K_t, Q_t, X_t, u_t, \omega_t, R_t, P_t, m_t, B_t^a, R_{ft}, \Lambda_t\}_{t=1}^{T}$。需要注意的是，经济体存在两种均衡，即泡沫均衡 $B_t^a > 0$ 和无泡沫均衡 $B_t^a = 0$。泡沫均衡的产生源于家庭部门相信新进入的企业会以正的概率 $\vartheta > 0$ 带来新的泡沫。泡沫的波动取决于情绪冲击 θ_t，因为旧泡沫和新泡沫相对大小是随机波动的。无泡沫均衡的产生源于家庭部门相信无论是新企业还是旧企业都不包含泡沫，即 $\vartheta = \theta_t = m_t = 0$。

6.2 参数校准与估计

参考 Bernanke et al.（1999）的策略，本章使用贝叶斯方法估计外生冲击相关的参数，另外，根据我国的数据和国内外新兴市场国家的研究文献设定采用校准的方法确定其他参数。所有参数的估计和校准均在季度频度上展开。

6.2.1 贝叶斯估计方法

参考 Fernández – Villaverde（2010）和庄子罐等（2016），贝叶斯方法估计 DSGE 模型可分为三步进行。

第一步，将模型的均衡条件在各个变量稳态处对数线性化展开，并将模型写成状态空间（state space）形式。

$$S_t = f(S_{t-1}, W_t \mid \Theta) \tag{6-42}$$

$$Y_t = g(S_t, V_t \mid \Theta) \tag{6-43}$$

式（6 – 42）被称为状态转移方程（State transition equation），式（6 –43）被称为测度方程（measurement equation）。其中，S_t 表示状态向量集，描述了在给定时刻 t 模型所处的状态，W_t 表示扰动项向量，Θ 表示由外生冲击过程的参数组成的向量，Y_t 表示可观测的变量集，V_t 表示对可观测变量造成的冲击的集合（如测度偏误等）。

第二步，使用卡尔曼滤波（Kalman filter）技术计算似然函数 $L(Y^T \mid \Theta)$，$Y^T = [Y_1, Y_2, \cdots, Y_T]'$。似然函数的计算遵循如下公式：

$$\begin{aligned} L(Y^T \mid \Theta) &= p(Y_1 \mid \Theta)\prod_{t=2}^{T} L(Y_t \mid Y^{t-1}, \Theta) \\ &= \int p(Y_1 \mid S_1, \Theta)dS_1 \prod_{t=2}^{T}\int p(Y_t \mid S_t, \Theta)p(S_t \mid Y^{t-1}, \Theta)dS_t \end{aligned} \tag{6-44}$$

第三步，将第二步得到的似然函数与参数先验密度函数结合，基于 MCMC 算法得到参数的后验密度分布函数。设定参数先验密度函数为 $\pi(\Theta)$。根据贝叶斯定理（Bayes' theorem），可得参数的后验密度分布函数：

$$\pi(\Theta \mid Y^T) = \frac{L(Y^T \mid \Theta)\pi(\Theta)}{\int L(Y^T \mid \Theta)\pi(\Theta)d\Theta} \propto L(Y^T \mid \Theta)\pi(\Theta) \qquad (6-45)$$

6.2.2 数据处理与参数估计

（1）数据处理

本章的模型包含5个外生随机冲击，因此使用5个时间序列数据对这些冲击进行识别①。本章使用的5个时间序列分别为投资相对价格（P_t）、实际人均消费（C_t）、实际人均投资（I_t）、实际人均产出（Y_t）、实际人均股价指数（P_t^S）。本章的原始数据来源于WIND数据库，数据样本从2000年第一季度到2016年第四季度。另外，模型中使用的变量均为人均量，庄子罐等（2016）认为虽然原则上可以采用内插法由工作年龄人口的年度数据得到季度就业人口数量，但该方法准确性较低，样本期内我国人口增速缓慢，可以使用总量数据近似作为人均数据的代理，本章采纳这样的做法。

投资相对价格使用固定资产投资品价格指数代理，因为该指数2004年以来才开始公布，因此本章先使用2004年至2016年的数据对固定资产投资品价格指数建立自回归模型，然后向后拟合得到2000年至2004年的数据。社会商品零售总额作为消费的近似代理，使用定基CPI指数将其转换成实际量。投资使用月度固定资产投资完成额表示，先用季度内数据加总得到季度数据，然后使用定基CPI指数将其转化成实际量。产出使用GDP测度，同样使用定基CPI将其转换成实际量。上证综合指数作为股价的代理变量，具体使用月度收盘价的平均值作为季度上证综合指

① 在采用贝叶斯方法估计DSGE模型时，要求观测变量的个数应不大于外生冲击的个数。

数，然后使用定基 CPI 将其转换成实际量。

除此之外，还需将所有变量进行 X12 季节调整，以去除季节趋势。由于使用在稳态处对数线性化的方法处理理论模型，因此最后需要将所有数据经过 HP 滤波去除长期趋势。

（2）先验分布设定

与外生冲击无关但与模型稳态相关的参数依据我国的经济数据和国内外新兴市场国家的研究文献校准确定。与外生冲击相关的参数在使用贝叶斯方法估计前需要设定参数的先验分布，参考侯成琪和龚六堂（2014）、庄子罐等（2016）的设定，如果参数的取值范围介于 0 和 1 之间，则设定贝塔分布（*Beta distribution*）为其先验分布，如果参数的取值恒大于零，设定正态分布（*Normal distribution*）为其先验分布，将逆伽马分布（*Inv - Gamma distribution*）设定为外生冲击标准差的先验分布。

（3）参数估计结果

表 6 - 1 和表 6 - 2 分别列示了参数校准和贝叶斯估计参数的结果。逆弗里希劳动供给弹性设定为 1，表明劳动会以对数线性形式进入效用函数。参考袁申国等（2011），设定企业退出概率为 0.038，意味着预期的企业生存期限为 36 年。可证明，均衡时泡沫产出比与泡沫企业概率无关，因此任意设定为 0.600。根据式（6 - 22）和式（6 - 23），可得到稳态时泡沫增长率 $\bar{\theta} = R_f/\bar{g}_\gamma$，据此可计算 $\bar{\theta} = 2.151$ ①。Dunne et al.（1988）的早期研究认为新进入企业的平均规模是现有存量企业规模的 0.200 倍，因此本章设定新企业资本禀赋与资本存量比为 0.200。其他校准的参数参考了相关代表性文献，此外不再赘述。

① 参考 Miao et al.（2015），采用三个月国债利率的平均值（2.398），然后减去平均通货膨胀（0.195），得到实际利率（2.203），实际利率除以稳态增长率得到稳态时泡沫增长率。相关数据来源于 WIND 数据库。

表 6-1 校准的参数

参数	含义	取值	依据文献①
β	主观贴现因子	0.985	中国人民银行营业管理部课题组（2017）
φ	逆弗里希劳动弹性	1.000	侯成琪和龚六堂（2014）
α	资本份额	0.550	中国人民银行营业管理部课题组（2017）
δ	折旧率	0.015	中国人民银行营业管理部课题组（2017）
δ_e	企业退出概率	0.038	袁申国等（2011）
ϑ	泡沫企业概率	0.600	均衡系统与之无关，可任意设定
$\bar{\theta}$	稳态泡沫增长率	2.151	计算得到
$\bar{N}$	稳态工作时间	0.524	袁申国等（2011）
$\bar{g}_{\gamma}$	稳态产出增长率	1.024	仝冰（2017）
$\bar{\lambda}_Z$	稳态投资增长率	1.020	梁斌和周晔馨（2017）
$\bar{u}$	稳态资本利用率	1.000	参考 Miao et al.（2015）标准化为 1
$\bar{I}/\bar{Y}$	稳态投资产出比	0.300	中国人民银行营业管理部课题组（2017）
$K_0/\bar{K}$	新企业资本禀赋与资本存量比	0.200	Dunne et al.（1988）

参考庄子罐等（2016），设定投资调整成本的先验分布为均值为6.0，标准差为2.0的正态分布。同样，资本利用率成本的先验分布设定为均值为0.2，标准差为0.1的正态分布，基于本章数据估计得到的后验均值为10.241。金融冲击均值的先验分布参考 Miao et al.（2015），将其设定为均值为0.3，标准差为0.1的 *Beta* 分布，基于本章数据估计得到的后验均值为0.229。参考 Smets and Wouters（2007）和庄子罐等（2016）的设定，各类外生冲击的自回归系数的先验分布均设定成均值为0.5，标准差为0.2的 Beta 分布。劳动供给冲击、技术冲击、投资专有冲击的标准差的先验分布的设定参考庄子罐等（2016），情绪冲击和金融冲击的标准差的先验分布的设定参考 Miao et al.（2015）。值得注意的是，本章估计的情绪冲击的自回归系数和标准差均高于 Miao et al.（2015）基于美国数据

① 仅列代表性文献。

的估计，表明我国情绪冲击的持续性和波动性都高于美国，可能情绪冲击在经济波动中的贡献更大。

表6－2　　　　贝叶斯估计参数的先验和后验分布

参数	含义	先验			后验	
		分布类型	均值	标准差	均值	95%置信区间
Ω	投资调整成本	N	6.0	2.0	4.128	[3.883，4.429]
δ''/δ'	资本利用率相关参数①	N	0.2	0.1	10.241	[9.018，10.500]
$\bar{\zeta}$	金融冲击均值	B	0.3	0.1	0.229	[0.173，0.301]
ρ_ψ	劳动供给冲击的自回归系数	B	0.5	0.2	0.305	[0.236，0.389]
ρ_A	技术冲击的自回归系数	B	0.5	0.2	0.827	[0.731，0.917]
ρ_θ	情绪冲击的自回归系数	B	0.5	0.2	0.952	[0.910，0.993]
ρ_λ	投资专有冲击的自回归系数	B	0.5	0.2	0.626	[0.493，0.729]
ρ_ζ	金融冲击的自回归系数	B	0.5	0.2	0.761	[0.710，0.813]
σ_ψ	劳动供给冲击的标准差	IG	5.0	Inf	1.274	[0.770，1.804]
σ_A	技术冲击的标准差	IG	3.0	Inf	0.450	[0.409，0.488]
σ_θ	情绪冲击的标准差	IG	10.0	Inf	25.427	[17.289，32.446]
σ_λ	投资专有冲击的标准差	IG	1.0	Inf	0.401	[0.355.0.460]
σ_ζ	金融冲击的标准差	IG	1.0	Inf	0.639	[0.214，1.006]

注：N表示正态分布，B表示*Beta*分布，IG表示逆伽马分布。后验分布采用MH算法获得。

6.3 数值模拟分析

6.3.1 方差分解

图6－3反映了四个关键宏观变量，即产出、消费、投资、劳动时间和股票价格的波动由本章模型设定的五个外生冲击的解释情况。首先，

① 可证明，由于对数线性化，折旧函数的具体形式不需要知道，只需知道δ''/δ'即可。

各个变量的波动所依赖的外生冲击存在异质性，五个外生冲击综合在一起共同决定了我国的经济波动；其次，情绪冲击作为本章设定的独特的一类冲击，对各变量波动的解释力度不容忽视，如情绪冲击对产出、消费和投资波动的解释分别为24%、25.8%和24.3%，而对股票价格波动的解释达到了55.2%，情绪冲击通过信贷约束从股票市场传递至实体经济，具体来看，情绪冲击会引起信贷极限的波动，因此会影响到企业的投资决策，进而影响到经济体的总投资和总产出，另外，情绪冲击引发的股价市值的波动会通过财富效应对消费产生影响，表明情绪冲击是驱动经济周期的重要外生冲击；再次，具体来看，与传统的实际经济周期（RBC）文献一致，技术冲击是驱动产出、消费、投资的关键外生冲击；进一步，劳动时间波动的最显著驱动因素是劳动供给冲击，情绪冲击对其解释相对较小，表明情绪冲击对劳动力市场的影响很小；最后，本章引入的金融冲击对投资波动具有最大的解释力，为15.5%，对其他变量的影响相对较小，金融冲击反映了我国金融市场融资条件的变化，这直接决定了企业为投资进行融资的难易程度，因此金融冲击是决定投资的关键冲击。

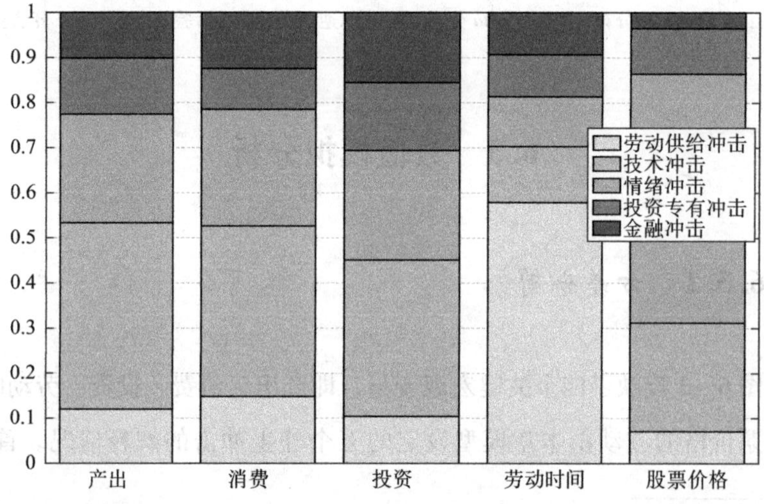

图6-3　主要变量波动的方差分解

6.3.2 脉冲响应

首先，分析主要变量在面对除情绪冲击之外的四类外生冲击时的响应情况，图6-4反映了主要变量应对外生冲击的脉冲响应。对产出而言，一个标准差的正向的外生冲击均会使产出发生相对稳态的正向偏离，产出应对劳动供给冲击、技术冲击、投资专有冲击和金融冲击的脉冲分别在冲击发生后的第7、5、7、6期达到最大，除劳动供给冲击外，其他三类冲击效应在20期后均逐渐消失，由于劳动力市场的调整很缓慢，因此对产出的效应还在持续，这里需要说明的是，金融冲击也对产出波动有一定解释力，Jermann and Quadrini（2012）认为金融冲击起到了放松信贷约束的作用，因此对企业而言会增加投资，对家庭而言会增加消费，最后带来产出的增长。对消费而言，除投资专有冲击外，其他三类冲击对其影响与对产出影响基本一致，如图6-4所示，投资专有冲击对投资会产生非常显著的促进作用，投资的增加对消费形成挤出效应，因此投资专有冲击会对消费产生轻微的负向影响。对投资而言，四类冲击对其影响与对产出的影响基本一致。对劳动时间而言，劳动供给冲击、投资专有冲击、金融冲击均对其产生了不同程度的正向促进作用，但由于技术与劳动的替代机制，当发生技术冲击时，会对劳动时间产生负向效应。对股票价格而言，由图6-4可知，四种冲击对股价波动都有一定的解释力，但劳动供给冲击的解释作用很小，与前文的方差分解一致。

其次，单独考察情绪冲击对各变量的影响及其机制，各变量的脉冲响应如图6-5所示。正向的情绪冲击会使泡沫变大，泡沫增大会起到放松企业信贷约束的作用，因此会导致企业投资增加。随着企业资本积累的增加，企业边际Q会下降，进而股票的基础价值也随之下降，但泡沫的上升超过了基础价值的下降，因此股票价格表现出上升态势。由于股

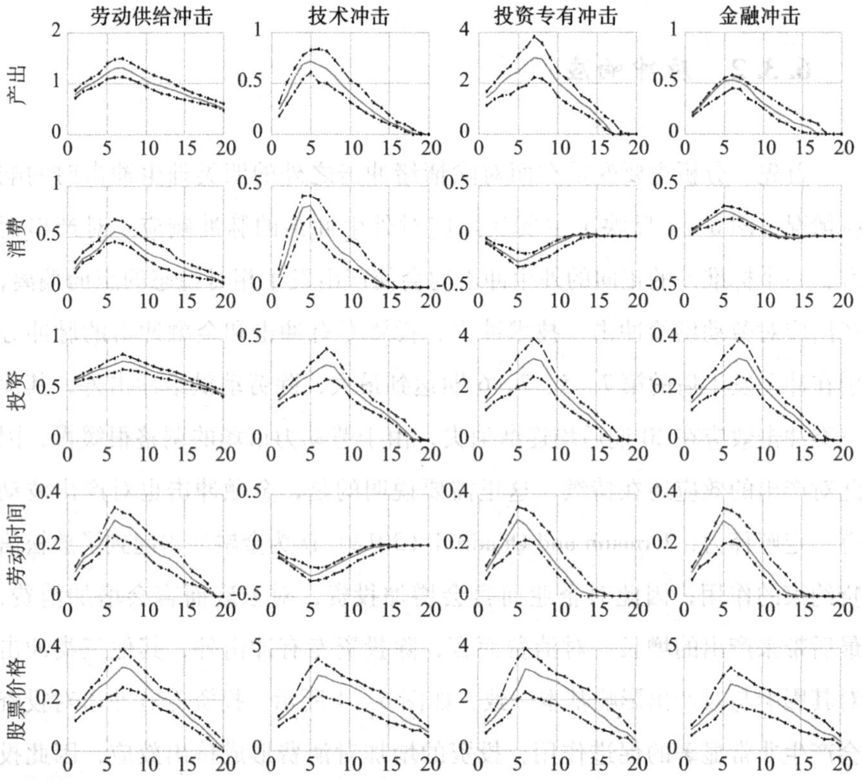

图6-4　主要变量应对外生冲击的脉冲响应

注：脉冲响应从后验分布的5000次抽样中得到，实线代表中位数，虚线代表90%置信区间的上下界。

价上升的财富效应的存在，家庭消费也会随之增加，劳动供给随之降低。边际Q的下降还会导致企业资本利用率的上升，因此企业对劳动的需求上升，劳动需求的上升超过了财富效应引致的劳动供给的下降，因此整体表现为劳动时间的上升。情绪冲击对投资品价格的影响很小，投资品价格主要受到投资专有冲击的影响。值得注意的是，情绪冲击对股价波动的解释力度明显高于其他四种冲击，并且情绪冲击对股价产生的影响明显大于对产出、消费、投资等产生的影响，表明情绪冲击可以产生股票市场相对于产出、消费和投资等更大的波动。

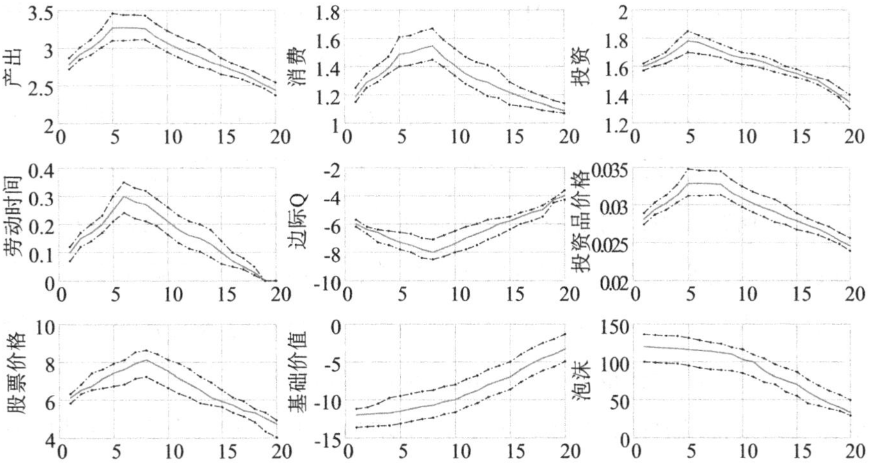

图 6－5　情绪冲击的脉冲响应

注：脉冲响应从后验分布的 5000 次抽样中得到，实线代表中位数，虚线代表 90% 置信区间的上下界。

综合以上的数值模拟结果可以看到，由于企业信贷约束的存在，由情绪冲击导致的资产泡沫的变化会对宏观变量产生影响，具体来看，产生了股票价格和主要宏观变量的顺周期性，尤其是情绪冲击在解释股票价格波动上具有显著的意义，因此以上分析证明了情绪冲击是驱动我国经济波动的重要外生冲击之一。

6.4　本章小结

降低宏观经济波动有助于提高居民福利，因此是政策制定者和学术界一直关注的话题，识别经济波动的来源自然是其中的核心问题。相对于成熟经济体而言，我国经济波动较大，大量学者已对我国经济波动的来源做了详细研究。本章的研究与以往文献不同，在我国经济泡沫化引发各界担忧的背景下，在 Smets and Wouters（2003）和 Christiano et al.

(2005)模型基础上，参考 Miao et al.(2015)引入股价泡沫变动的情绪冲击，构建了情绪冲击通过资产价格引起经济波动的动态随机一般均衡模型，并结合我国 2000 年第一季度到 2016 年第四季度的经济数据对模型参数进行估计与校准，进而对我国宏观经济波动做了数值模拟分析。

本章研究认为，由于我国企业面临较为严重的融资约束，资产价格的波动会对企业的抵押资产价值产生影响，进而影响到企业可获得的资金总量，本章引入的情绪冲击会影响到资产价格中泡沫成分的变动，因此对整体的资产价格也会产生影响，正向的情绪冲击会使泡沫增大，企业信贷约束得以放松，投资增加，产出增加，因此产生了经济波动以及股价价格的顺周期性。除此之外，本章还证明了技术冲击、劳动供给冲击、投资专有冲击和金融冲击均是引起我国经济波动的因素，但各因素对不同变量的贡献度存在异质性。

第7章 结论、启示与未来研究方向

7.1 研究结论

本书的基本研究结论包括：

第一，资产价格泡沫是关系金融、经济能否稳定发展的重要经济现象。现有国内外文献鲜有对资产价格泡沫驱动因素的实证探讨。本书使用20个代表经济体2000年至2015年的经济金融数据，采用面板Logit模型实证研究了股权资产泡沫的驱动因素，弥补了该领域研究的不足。研究发现，交易量和价格波动率是股权资产泡沫的显著正向驱动因素，但对程度严重的股权泡沫而言，交易量不再是显著的决定因素；货币政策是驱动股权资产泡沫产生的显著因素之一；银行对私人的信贷规模及其滞后项也是股权资产泡沫的稳健决定变量。除此之外，本书还考察了制度变量对股权泡沫发生的作用，基本结论可概括为普通法法系、小投资者保护度低、政府透明度高、套利自由的国家更易发生股权资产泡沫。最后，通过一系列的稳健性检验确保了研究结论的稳健性。

第二，本书从理论和实证研究两个角度分析了资产价格泡沫、银行业稳定和经济增长的相关性。理论分析表明，有限责任制和存款保险制度引致的道德风险促使银行持有泡沫资产以获取风险补贴，监管强度、杠杆水平、存贷款利差通过作用于风险补贴为银行持有泡沫资产创造了条件。银行一旦持有泡沫资产，就会通过内在杠杆、挤兑效应、信贷摩擦、网络效应等路径对其稳定性造成不利影响。本书还采用 BMA - PAVR 模型和 26 个代表性国家 2000—2014 年的面板数据，对理论分析的结论进行了实证检验。实证结果与理论分析的结论一致，即股权泡沫会对银行业稳定带来负面冲击，但国家间存在明显的异质性。实证结果还发现，银行业稳定性的下降不利于经济稳增长。

第三，本书基于熊彼特增长理论和实证技术研究了资产泡沫发生、技术创新与经济增长之间的关系。理论方面，在阿吉翁（2004）基础上构建了符合我国经济典型事实的熊彼特经济增长模型，企业家在为研发融资时面临融资约束，由于融资约束的存在导致资本市场的资金供过于求，此时发生资产泡沫可促进企业平均的研发投入增加，研发成功的概率相应上升，泡沫经济增长率高于无泡沫经济增长率。实证方面，本书使用我国 2000—2016 年的月度数据，结合 FF - TVP - SV - VAR 和 TVAR 模型对以上理论结论进行检验，实证结果表明，资产泡沫发生可以促进技术创新，但该效应依赖于融资约束，融资约束越紧，该效应越强；进一步，识别了融资约束的两个门限值，分别为 12.697 和 18.561。

第四，本书在斯麦茨和伍特斯（2003）和克里斯蒂诺等（2005）模型基础上，参考苗等（2015）引入股价泡沫变动的情绪冲击，构建了投资者情绪冲击通过股票价格渠道影响经济波动的动态随机一般均衡模型，并使用我国 2000 年至 2016 年的季度数据对模型进行贝叶斯估计。研究表明，由于企业面临融资约束，正向情绪冲击带来股价泡沫的上升起到了放松信贷约束的作用，因此企业投资增加，进而触发一系列经济变量的顺周期波动；情绪冲击能很好地解释我国股票价格的波动以及顺周期性；劳动供给冲击、技术冲击、投资专有冲击、金融冲击都是我国经济波动的影响因素，但对各经济变量波动的影响存在异质性。

7.2 启示和政策建议

根据研究结论，本书提出如下政策建议：

第一，第 1 章和第 3 章资产泡沫驱动因素研究中得到的政策启示可分为泡沫监督和泡沫管理两个方面。首先，资产交易量和价格波动率，尤其是价格波动率，与泡沫发生概率显著正相关，据此，监管部门可建立以交易量和价格波动率为核心的股权泡沫预警机制，及时发现资产泡沫化信号。其次，货币当局在制定货币政策时应充分考量对资产价格造成的影响，谨慎使用货币政策，过度宽松的货币政策将超出实体经济的容纳能力，推动资产价格的上涨。再次，过去央行主要通过差别准备金动态调整机制和合意贷款管理机制对银行业进行监管，但由于银行多元化经营，监管的有效性逐渐降低，与此同时，本研究认为信贷是驱动资产泡沫化的重要因素之一，因此央行应将广义信贷纳入考核体系，审慎监控银行信贷供给，有效管理信贷规模，引导资金脱虚向实，抑制资产泡沫，推进金融进一步去杠杆。总之，要进一步健全货币政策和宏观审慎政策双支柱调控框架。最后，应完善和更多建立类似“中证中小投资者服务中心”这样的机构，为中小投资者投资行为保驾护航，还可通过相关立法进一步保护中小投资者，本研究认为，通过中小投资者保护力度的提升可降低资产泡沫发生的概率。

第二，第 4 章资产泡沫的金融稳定效应研究中得出的政策启示有：首先，我国显性存款保险制度于 2015 年 5 月 1 日正式通过，但随之带来的是我国银行业道德风险增加，加之我国近年来泡沫经济问题严重，在此背景下，应特别注意银行通过间接渠道持有泡沫资产进而对其稳定性产生不利影响，从而引发系统性金融危机，拖累经济稳增长，因此应建立专门负责监管银行表外业务的机构，实时监管银行业风险资产持有。其次，银行业稳定的决定因素存在明显的国家异质性，应根据中国具体情况制定应对措施，不可照搬西方国家模式。最后，应加强银行业监管、促进银行业去杠杆化进程、引导存贷款利差收窄、审慎开展衍生品开发，以此减少银行风险补贴及屏障套利。

第三，第5章资产泡沫的经济增长效应研究中得出的政策启示有：首先，资产泡沫可以发挥促进经济增长的作用，尤其在当前我国企业面临较为严重的融资约束的情况下，政府部门应监控企业融资约束的变化，可成立全国性和地方性研发资金融资平台，积极引导资金流入研发部门，实现“创新驱动”发展战略；其次，资产泡沫在一定条件下虽然能促进经济增长，但资产价格不能过度膨胀，严重的泡沫将触发系统性风险，不利于稳增长，因此政府部门应及时对过度泡沫化的资产价格进行有效调控。

第四，第6章资产泡沫的经济波动效应研究中得出的政策启示有：首先，证券监管部门应合理引导投资者情绪，强化预期和投资者情绪管理机制，防止股市过热或过冷局面，维持股票价格在合理范围内波动，能够有效降低经济波动；其次，在稳定投资者情绪前提下，应鼓励发展金融创新，增加企业融资渠道，正向的金融冲击会起到一定程度的稳增长作用；最后，降低企业融资约束不仅能够起到促进增长的作用，还可以切断资产泡沫冲击影响经济波动的渠道，因此企业融资约束的降低还能够起到降低经济波动的作用。

综合本书的主要研究结论及以上政策启示与建议，我们主张建立如图7-1所示的“一委一行两会”监管体系。

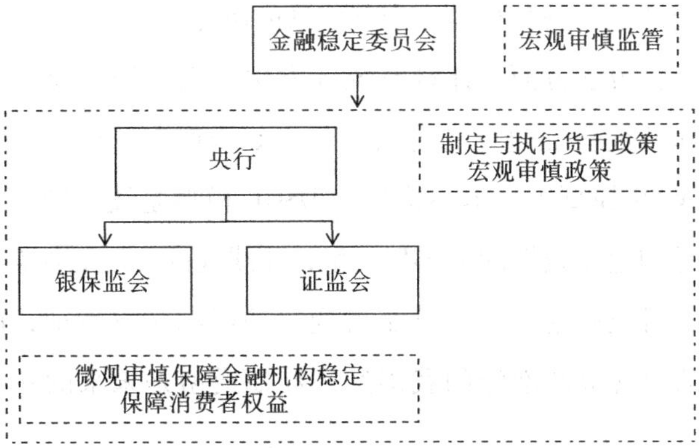

图7-1 “一委一行两会”监管体系

7.3 未来研究方向

本书以资产泡沫为研究对象，系统地研究了资产泡沫的驱动因素及宏观经济效应，弥补了该领域研究的不足，但本书至少从研究视角和研究方法两个方面有如下可进一步探讨的方向。

首先，研究视角方面。基于数据可得性和可信性，本书以股权资产泡沫为资产泡沫的代表，但实际上房地产市场泡沫也是值得关注的领域，尤其在中国房价高企的现状下，未来研究可基于房地产市场数据做相关研究；除在资产泡沫驱动因素的研究中，本研究分析了货币政策和信贷政策在资产泡沫形成中的作用，本书其他部分较少涉及政策讨论，如何通过有效的货币政策或审慎政策管理资产泡沫也是未来值得深入研究的方向；本书侧重于宏观研究，但在实践中，微观主体的行为也是值得关注的，因此探讨资产泡沫发生这一宏观现象如何以及多大程度上影响微观主体的行为决策也是很有意义的一个研究方向；本书主要基于理性资产泡沫理论，对行为因素较少考虑，随着行为金融学的发展，未来将行为因素纳入资产泡沫的分析是一个有前景的研究方向。

其次，研究方法方面。计量及统计方法方面，仍需要开发更加适合针对资产泡沫开展实证研究的有效工具，如资产泡沫的识别技术、包含二元变量的VAR模型等；本书构建的DSGE模型是线性的，近年来最新的发展方向是构建非线性的DSGE模型，非线性的方法更加符合现实经济情况，比如，可更好地刻画经济金融变量的区制转移特征，因此开发非线性DSGE的包含资产泡沫的我国经济周期模型是未来的一个重要研究方向。

附　录

附表 1　　回归变量描述

变量	描述	计算方式	数据来源
tv	股权资产交易量	取自然对数	WIND
pv	股权资产价格波动率	根据式（3－14）至式（3－17）计算后提取主成分	WIND
r	利率	一年期存款利率	OECD
gm	货币增长率	M2 环比增长率	FRED
gcre	信贷增长率	银行对私人信贷占 GDP 比重环比增长率	BIS
gc	私人消费增长率	私人消费环比增长率	FRED
gfr	外汇储备增长率	外汇储备环比增长率	FRED

附表 2　　样本国家及其股票指数

国家	指数名称	国家	指数名称
美国	S&P 500	荷兰	AEX
加拿大	Toronto 300	希腊	ASE
墨西哥	MXX	俄罗斯	RTS
阿根廷	MERV	日本	N225
巴西	IBOVESPA	韩国	KOSPI
英国	FTSE 100	澳大利亚	S&P/ASX200
法国	CAC40	新加坡	STI
德国	DAX	泰国	SET
西班牙	IBEX35	中国	SSEC
葡萄牙	PSI	印度	SENSEX30

参考文献

中文文献：

［1］陈其安，雷小燕．货币政策、投资者情绪与中国股票市场波动性：理论与实证［J］．中国管理科学，2017，25（11）：1－11.

［2］陈蔚，马骏驰．金融加速器机制下的资产泡沫与经济波动——以次贷危机前后的中国为例［J］．经济经纬，2017，34（01）：124－129.

［3］陈彦斌，刘哲希．推动资产价格上涨能够“稳增长”吗？——基于含有市场预期内生变化的 DSGE 模型［J］．经济研究，2017（07）：49－64.

［4］陈雨露，马勇，阮卓阳．金融周期和金融波动如何影响经济增长与金融稳定？［J］．金融研究，2016（02）：1－22.

［5］方意．货币政策与房地产价格冲击下的银行风险承担分析［J］．世界经济，2015（07）：73－98.

［6］郭娜，章倩，周扬．房价“粘性”、系统性金融风险与宏观经济波动——基于内生化系统性风险的 DSGE 模型［J］．当代经济科学，2017，（06）：7－16.

［7］郭晔，赵静．存款保险制度、银行异质性与银行个体风险［J］．经济研究，2017，52（12）：134－148.

［8］侯成琪，龚六堂．货币政策应该对住房价格波动作出反应

吗？——基于两部门动态随机一般均衡模型的分析 [J]. 金融研究，2014 (10)：15－33.

[9] 纪敏，严宝玉，李宏瑾. 杠杆率结构、水平和金融稳定——理论分析框架和中国经验 [J]. 金融研究，2017，(02)：11－25.

[10] 李梦花，聂思玥. 我国信贷规模、资产价格波动与银行脆弱性——基于有向无环图的应用研究 [J]. 当代经济科学，2015，37 (05)：22－31.

[11] 李志生，杜爽，林秉旋. 卖空交易与股票价格稳定性——来自中国融资融券市场的自然实验 [J]. 金融研究，2015，(06)：173－188.

[12] 梁斌，周晔馨. 基于DSGE模型的财政刺激政策效果分析——以“四万亿投资”为例 [J]. 经济学报，2017 (04)：28－60.

[13] 林建浩，王美今. 新常态下经济波动的强度与驱动因素识别研究 [J]. 经济研究，2016，51 (05)：27－40.

[14] 柳卸林，高雨辰，丁雪辰. 寻找创新驱动发展的新理论思维——基于熊彼特增长理论的思考 [J]. 管理世界，2017 (12)：8－19.

[15] 刘晓星，姚登宝. 金融脱媒、资产价格与经济波动：基于DNK－DSGE模型分析 [J]. 世界经济，2016，39 (06)：29－53.

[16] 刘震，牟雯波. 宏观审慎管理、金融摩擦与经济周期——基于准备金率工具的视角 [J]. 当代经济科学，2017，39 (03)：12－21.

[17] 邱立成，王凤丽. 外资银行进入对东道国银行体系稳定性影响的实证研究 [J]. 南开经济研究，2010 (04)：21－32.

[18] 钱亚婷，黄少卿. 资本市场价格波动对实体经济的传染效应——基于资产负债表视角的理论文献评述 [J]. 经济学动态，2016 (02)：141－151.

[19] 石建勋，王盼盼，何宗武. 中国牛市真的是“水牛”吗？——不确定性视角下股市价量关系的实证研究 [J]. 中国管理科学，2017，

25 (09): 71 - 80.

[20] 田国强，赵禹朴，宫汝凯．利率市场化，存款保险制度与银行挤兑 [J]. 经济研究，2016，51 (03): 96 - 109.

[21] 田磊，林建浩，张少华．政策不确定性是中国经济波动的主要因素吗？——基于混合识别法的创新实证研究 [J]. 财贸经济，2017，38 (01): 5 - 20.

[22] 仝冰．混频数据、投资冲击与中国宏观经济波动 [J]. 经济研究，2017，52 (06): 60 - 76.

[23] 王国静，田国强．金融冲击和中国经济波动 [J]. 经济研究，2014，49 (03): 20 - 34.

[24] 汪莉．隐性存保、"顺周期"杠杆与银行风险承担 [J]. 经济研究，2017，52 (10): 67 - 81.

[25] 王频，侯成琪．预期冲击、房价波动与经济波动 [J]. 经济研究，2017，52 (04): 48 - 63.

[26] 王擎，田娇．银行资本监管与系统性金融风险传递——基于DSGE模型的分析 [J]. 中国社会科学，2016，(03): 99 - 122.

[27] 王一鸣．中国经济新一轮动力转换与路径选择 [J]. 管理世界，2017，(02): 1 - 14.

[28] 王永钦，高鑫，袁志刚，杜巨澜．金融发展、资产泡沫与实体经济：一个文献综述 [J]. 金融研究，2016，(05): 191 - 206.

[29] 鄢莉莉，吴利学．投入产出结构、行业异质性与中国经济波动 [J]. 世界经济，2017，40 (08): 3 - 28.

[30] 尹雷，卞志村．利率市场化、存款保险制度与银行危机——基于跨国数据的实证研究 [J]. 国际金融研究，2016，345 (01): 49 - 59.

[31] 袁申国，陈平，刘兰凤．汇率制度、金融加速器和经济波动 [J]. 经济研究，2011，46 (01): 57 - 70.

[32] 袁越，胡文杰. 紧缩性货币政策能否抑制股市泡沫？[J]. 经济研究，2017，52 (10)：82 -97.

[33] 张璟，刘晓辉. 金融结构与固定汇率制度：来自新兴市场的假说和证据 [J]. 世界经济，2015，38 (10)：3 -29.

[34] 中国人民银行营业管理部课题组. 预算软约束、融资溢价与杠杆率——供给侧结构性改革的微观机理与经济效应研究 [J]. 经济研究，2017，52 (10)：53 -66.

[35] 周煊，程立茹，王皓. 技术创新水平越高企业财务绩效越好吗？——基于16年中国制药上市公司专利申请数据的实证研究 [J]. 金融研究，2012，(08)：166 -179.

[36] 朱宏泉，余江，陈林. 异质信念、卖空限制与股票收益——基于中国证券市场的分析 [J]. 管理科学学报，2016，19 (07)：115 -126.

[37] 祝继高，李天时，尤可畅. 房地产价格波动与商业银行贷款损失准备——基于中国城市商业银行的实证研究 [J]. 金融研究，2017，(09)：83 -98.

[38] 祝梓翔，邓翔. 时变视角下中国经济波动的再审视 [J]. 世界经济，2017，40 (07)：3 -27.

[39] 庄毓敏，孙安琴，毕毅. 信用风险转移创新与银行（体系）的稳定性——基于美国银行数据的实证研究 [J]. 金融研究，2012，(06)：83 -94.

[40] 庄子罐，崔小勇，赵晓军. 不确定性、宏观经济波动与中国货币政策规则选择——基于贝叶斯DSGE模型的数量分析 [J]. 管理世界，2016 (11)：20 -31.

英文文献：

[41] Adrian, T., and Shin, H. S. Liquidity and Leverage [J]. *Jour-*

nal of Financial Intermediation, 2010, 19 (3): 418 –437.

[42] Affinito, M., and Pozzolo, A. F. The Interbank Network across the Global Financial Crisis: Evidence from Italy [J]. *Journal of Banking & Finance*, 2017, 80: 90 –107.

[43] Aghion, P. Growth and Development: A Schumpeterian Approach [J]. *Annals of Economics and Finance*, 2004, 5 (1): 1 –25.

[44] Aghion, P., and Howitt, P. A Model of Growth through Creative Destruction [J]. *Econometrica*, 1992, 60 (2): 323 –351.

[45] Aguiar, M., and Gopinath, G. Emerging Market Business Cycles: The Cycle is the Trend [J]. *Journal of Political Economy*, 2007, 115 (1): 69 –102.

[46] Albertazzi, U., and Gambacorta, L. Bank Profitability and Taxation [J]. *Journal of Banking & Finance*, 2010, 34 (11): 2801 –2810.

[47] Allen, F., and Gale, D. Financial Contagion [J]. *Journal of Political Economy*, 2000, 108 (1): 1 –33.

[48] Ana, I. F., Francisco, G., and Nuria, S. Banking Stability, Competition, and Economic Volatility [J]. *Journal of Financial Stability*, 2016, 22: 101 –120.

[49] Aoki, K., and Nikolov, K. Bubbles, Banks and Financial Stability [J]. *Journal of Monetary Economics*, 2015, 74: 33 –51.

[50] Avgouleas, E. Bank Leverage Ratios and Financial Stability: a Micro and Macroprudential Perspective [R]. 2015, Levy Economics Institute of Bard College Working Paper No. 849.

[51] Azariadis, C., Reichlin, P. Increasing Returns and Crowding Out [J]. *Journal of Economic Dynamics & Control*, 1996, 20 (5): 847 –877.

[52] Barber, B., Odean, T. and Zhu, N. Systematic Noise [J].

Journal of Financial Markets, 2009, 12: 547 - 569.

[53] Barberis, N., Shleifer, A. and Vishny, R. A Model of Investor Sentiment [J]. *Journal of Financial Economics*, 1998, 94: 307 - 343.

[54] Bean, C. R. Asset Prices, Financial Instability, and Monetary Policy [J]. *American Economic Review*, 2004, 94 (2): 14 - 18.

[55] Benhabib, J., Liu, X., and Wang, P. Sentiments, Financial Markets, and Macroeconomic Fluctuations [J]. *Journal of Financial Economics*, 2016, 120 (2): 420 - 443.

[56] Benjamin, M. T., Dimas, M. F., Karine, C. P., and Daniel, O. C. Financial Stability and Bank Supervision [J]. *Finance Research Letters*, 2016, 18: 322 - 327.

[57] Bernanke, B., Gertler, M., and Gilchrist, S. The Financial Accelerator in a Quantitative Business Cycle Framework. In: Taylor, J. B., and Woodford, M., Handbook of Macroeconomics, 1999: 1341 - 1393.

[58] Bhattacharya, U., Galpin, N., Ray, R. and Yu, X. The Role of the Media in the Internet IPO Bubble [J]. *Journal of Financial and Quantitative Analysis*, 2009, 44: 657 - 682.

[59] Blanchard, O. J, and Watson, M. W. Bubbles, Rational Expectations and Financial Markets [R]. 1982, NBER Working Papers.

[60] Brunnermeier, M. K. Deciphering the Liquidity and Credit Crunch 2007—2008 [J]. *Journal of Economic Perspectives*, 2009, 23 (1): 77 - 100.

[61] Brunnermeier, M. K., and Oehmke, M. Bubbles, Financial Crises, and Systemic Risk. Handbook of the Economics of Finance, 2013, 2: 1221 - 1288.

[62] Brunnermeier, M. K., and Sannikov, Y. A Macroeconomic Model with a Financial Sector [J]. *American Economic Review*, 2014, 104 (2):

379 - 421.

[63] Caballero, R. J. Macroeconomics after the Crisis: Time to Deal with the Pretense - of - knowledge Syndrome. *Journal of Economic Perspectives*, 2010, 24: 85 - 102.

[64] Caballero, R. J., and Krishnamurthy, A. Bubbles and Capital Flow Volatility: Causes and Risk management [J]. *Journal of Monetary Economics*, 2006, 53 (1): 35 - 53.

[65] Campbell, J. Y., and Cochrane, J. H. By Force of Habit: a Consumption - based Explanation of Aggregate Stock Market Behavior [J]. *Journal of Political Economy*, 1999, 107: 205 - 251.

[66] Canova, F., and Ciccarelli, M. Panel Vector Autoregressive Models: a Survey [R]. 2013, European Central Bank Working Paper No. 1507.

[67] Chaney, T., Sraer, D., and Thesmar, D. The Collateral Channel: How Real Estate Shocks Affect Corporate Investment [J]. *American Economic Review*, 2012, 102 (6): 2381 - 2409.

[68] Chen, Q. Climate Shocks, State Capacity and Peasant Uprisings in North China during 25 - 1911 $_{CE}$ [J]. *Economica*, 2014, 82: 295 - 318.

[69] Chen, J., Hong, H. and Stein, J. Breadth of Ownership and Stock Returns [J]. *Journal of Financial Economics*, 2001, 66: 171 - 206.

[70] Chinn, M. D., and Ito, H. What Matters for Financial Development? Capital Controls, Institutions, and Interactions [J]. *Journal of Development Economics*, 2006, 81: 163 - 192.

[71] Christiano, L. J., Eichenbaum, M., and Evans, C. L. Nominal Rigidities and the Dynamic Effects of a Shock to Monetary Policy [J]. *Journal of Political Economy*, 2005, 113 (1): 1 - 45.

[72] Cihak, M., Demirguc - Kunt, A., Feyen, E., and Levine,

R. Benchmarking Financial Systems around the World [R]. 2012, World Bank Working Paper.

[73] Claessens, S., Demirgüç - Kunt, A., and Huizinga, H. How does Foreign Entry Affect Domestic Banking Markets? [J]. *Journal of Banking & Finance*, 2001, 25 (5): 891 -911.

[74] Claessens, S., and Laeven, L. Financial Development, Property Rights, and Growth [J]. *Journal of Finance*, 2003. 58: 2401 -2436.

[75] Clain - Chamosset - Yvard, L., and Kamihigashi, T. International Transmission of Bubble Crashes in a Two - Country Overlapping Generations Model [J]. *Journal of Mathematical Economics*, 2017, 68: 3607 -3613.

[76] Collard, F., Harris, D., Behzad, D., and Olivier, L. Optimal Monetary and Prudential Policies [J]. *American Economic Journal: Macroeconomics*, 2017, 9 (1): 40 -87.

[77] Comin, D. A., Gertler, M., and Santacreu, A. M. Technology Innovation and Diffusion as Sources of Output and Asset Price Fluctuations [W]. NBER Working Paper, No. 15029, 2009.

[78] Daniel, K., Hirshleifer, D. and Subrahmanyam, A. Investor Psychology and Security Market under - and overreactions [J]. *Journal of Finance*, 1998, 53: 1839 -1885.

[79] Del Negro, M., and Schorfheide, F. Forming Priors for DSGE Models (and How it Affects the Assessment of Nominal Rigidities) [J]. *Journal of Monetary Economics*, 2008, 55 (7): 1191 -1208.

[80] DeLong, J. B., Shleifer, A., Summers, L., and Waldmann, R. J. Positive Feedback Investment Strategies and Destabilizing Rational Speculation [J]. *Journal of Finance*, 1990, 45: 375 -395.

[81] Demirgüç - Kunt, A., and Detragiache, E. Does Deposit Insur-

ance Increase Banking System Stability? An Empirical Investigation [J]. *Journal of Monetary Economics*, 2000, 49 (7): 1373 - 1406.

[82] Demirer, M., Diebold, F. X., Liu, L., and Yilmaz, K. Estimating Global Bank Network Connectedness [W]. 2017, NBER Working Paper No. 23140.

[83] Detken, C., and Smets, F. Asset Price Booms and Monetary Policy [J]. *Social Science Electronic Publishing*, 2004, 42 (4): 189 - 232.

[84] Diba, B., and Grossman, H. Explosive Rational Bubbles in Stock Prices? [J]. *American Economic Review*, 1988, 78: 520 - 530.

[85] Diether, K., Malloy, C. and Scherbina, A. Differences of Opinion and the Cross - section of Stock Returns [J]. *Journal of Finance*, 2002, 57: 2113 - 2141.

[86] Djankov, S., La Porta, R., Lopez - de - Silanes, F., and Shleifer, A. The Law and Economics of Self - dealing [J]. *Journal of Financial Economics*, 2008, 88: 430 - 465.

[87] Dosi, G., Marengo, L., and Pasquali, C. How Much Should Society Fuel the Greed of Innovators?: On the Relations between Appropriability, Opportunities and Rates of Innovation [J]. *Research Policy*, 2006, 35 (8): 1110 - 1121.

[88] Drehmann, M., and Juselius, M. Evaluating Early Warning Indicators of Banking Crises: Satisfying Policy Requirements [J]. *International Journal of Forecasting*, 2014, 30: 759 - 780.

[89] Dunne, T., Roberts, M. J., and Samuelson, L. Patterns of Firm Entry and Exit in U. S. Manufacturing Industries [J]. *Rand Journal of Economics*, 1988, 19 (4): 495 - 515.

[90] Eatwell, J., Milgate, M., and Newman, P. (eds) The New

Palgrave: A Dictionary of Economics. New York, Stockton, 1987. p. 281.

[91] Fama, E. F. Two Pillars of Asset Pricing [J]. *American Economic Review*, 2014, 104: 1467 - 1485.

[92] Farhi, E., and Tirole, J. Bubbly liquidity [J]. *Review of Economic Studies*, 2012, 79 (2): 678 - 706.

[93] Fernάndez - Villaverde, J. The Econometrics of DSGE Models [J]. *SERIES*, 2010, 1 (2): 3 - 49.

[94] French, K. R., and Poterba, J. M. Were Japanese Stock Prices Too High? [J]. *Journal of Financial Economics*, 1991, 29: 337 - 363.

[95] Froot, K., and Obstfeld, M. Intrinsic Bubbles: the Case of Stock Prices [J]. *American Economic Review*, 1991, 81: 1189 - 1214.

[96] Fruhwirth - Schnatter, S. Finite Mixture and Markov Switching Models. Springer, New York, 2006.

[97] Futagami, K., and Shibata, A. Growth Effects of Bubbles in an Endogenous Growth Model [J]. *Japanese Economic Review*, 2000, 51 (2): 221 - 235.

[98] Galí, J. Monetary Policy and Rational Asset Price Bubbles [J]. *American Economic Review*, 2014, 104: 721 - 752.

[99] Galí, J., and Gambetti, L. The Effects of Monetary Policy on Stock Market Bubbles: Some Evidence [J]. *American Economic Journal: Macroeconomics*, 2015, 7: 233 - 257.

[100] Gallant, A. R., Hsu, C., and Tauchen, G. Using Daily Range Data to Calibrate Volatility Diffusions and Extract the Forward Integrated Variance [J]. *Review of Economics and Statistics*, 1999, 81: 617 - 631.

[101] Garber, P. Famous First Bubbles. MIT Press, 2000.

[102] García - Cicco, J., Pancrazi, R., and Uribe, M. Real Busi-

ness Cycles in Emerging Countries? [J]. *American Economic Review*, 2010, 100 (5): 2510 – 2531.

[103] Garman, M. B., and Klass, M. J. On the Estimation of Security Price Volatilities from Historical Data [J]. *Journal of Business*, 1980, 53: 67 – 78.

[104] Gonzǘlez – Aguado, C., and Moral – Benito, E. Determinants of Corporate Default: a BMA Approach [J]. *Applied Economics Letters*, 2013, 20: 511 – 514.

[105] Goodhart, C., and Hofmann, B. House Prices, Money, Credit, and the Macroeconomy [J]. *Oxford Review of Economic Policy*, 2008, 24 (1): 180 – 205.

[106] Grinblatt, M., Titman, S. and Wermers, R. Momentum Investment Strategies, Portfolio Performance and Herding: a Study of Mutual Fund Behavior [J]. *Journal of Finance*, 1995, 85: 1088 – 1105.

[107] Gromb, D., and Vayanos, D. Limits of Arbitrage [J]. *Annual Review of Financial Economics*, 2010, 2: 251 – 275.

[108] George, E. I., Sun, D., and Ni, S. Bayesian Stochastic Search for VAR Model Restrictions [J]. *Journal of Econometrics*, 2008, 142 (1): 553 – 580.

[109] Gertler, M., and Karadi, P. A Model of Unconventional Monetary Policy [J]. *Journal of Monetary Economics*, 2011, 58 (1): 17 – 34.

[110] Geremew, M. Evaluating Monetary Policy with Financial Stability Objective: Rules vs. Discretion [J]. *Applied Economics Letters*, 2016, 24: 1 – 16.

[111] Gertler, M., and Kiyotaki, N. Banking, Liquidity, and Bank Runs in an Infinite Horizon Economy [J]. *American Economic Review*, 2015,

105 (7): 2011 -2043.

[112] Gilchrist, S., and Zakrajsek, E. Credits Spreads and Business Cycle Fluctuations [J]. *American Economic Review*, 2012, 102 (4): 1692 -1720.

[113] Girardin, E., and Joyeux, R. Macro Fundamentals as a Source of Stock Market Volatility in China: a GARCH - MIDAS Approach [J]. *Economic Modelling*, 2013, 34 (6): 59 -68.

[114] Grossman, G. M., and Yanagawa, N. Asset Bubbles and Endogenous Growth [J]. *Journal of Monetary Economics*, 1993, 31: 3 -19.

[115] Gürkaynak, R. S. Econometric Tests of Asset Price Bubbles: Taking Stock [J]. *Journal of Economic Surveys*, 2008, 22: 166 -186.

[116] Harrison, J. M. and Kreps, D. M. Speculative Investor Behavior in a Stock Market with Heterogeneous Expectations [J]. *Quarterly Journal of Economics*, 1978, 92: 323 -336.

[117] Hirano, T., and Yanagawa, N. Asset Bubbles, Endogenous Growth, and Financial Frictions [J]. *Review of Economic Studies*, 2017, 84 (1): 406 -443.

[118] Homm, U., and Breitung, J. Testing for Speculative Bubbles in Stock Markets: a Comparison of Alternative Methods [J]. Journal of Financial Econometrics, 2012, 10 (1): 198 -231.

[119] Hong, H. and Stein, J. C. A Unified Theory of Underreaction, Momentum Trading, and Overreaction in Asset Markets. *Journal of Finance*, 1999, 54: 2143 -2184.

[120] Iraola, M. A., and Santos, M. S. Long - term Asset Price Volatility and Macroeconomic Fluctuations [J]. Journal of Monetary Economics, 2017, 90: 84 -98.

[121] Jermann, U., and Quadrini, V. Macroeconomic Effects of Financial Shocks [J]. *American Economic Review*, 2012, 102: 238-271.

[122] Jokipii, T., and Monnin, P. The Impact of Banking Sector Stability on the Real Economy [J]. *Journal of International Money & Finance*, 2010, 32 (1): 1-16.

[123] Jordà, Ò., Schularick, M., and Taylor, A. M. When Credit Bites Back [J]. *Journal of Money, Credit and Banking*, 2013, 45 (S2): 3-28.

[124] Jordà, Ò., Schularick, M., and Taylor, A. M. Leveraged Bubbles [J]. *Journal of Monetary Economics*, 2015, 76: S1-S20.

[125] Jordà, Ò., Schularick, M., and Taylor, A. M. Macrofinancial History and the New Business Cycle Facts [J]. *NBER Macroeconomics Annual*, 2017, 31 (1): 213-263.

[126] Justiniano, A., Primiceri, G. E., and Tambalotti, A. Investment Shocks and the Relative Price of Investment [J]. *Review of Economic Dynamics*, 2011, 14 (1): 102-121.

[127] Kim, D., and Santomero, A. M. Risk in Banking and Capital Regulation [J]. *Journal of Finance*, 1988, 43 (5): 1219-1233.

[128] Kindleberger, C. P. Panics, and Crashes: a History of Financial Crises [M]. 2005, New Jersey: Wiley.

[129] King, I., and Ferguson, D. Dynamic Inefficiency, Endogenous Growth, and Ponzi Games [J]. *Journal of Monetary Economics*, 1993, 32 (1): 79-104.

[130] Kiyotaki, N., and Moore, J. Credit Cycles [J]. *Journal of Political Economy*, 1997, 105: 211-248.

[131] Kocherlakota, N. R. Bursting Bubbles: Consequences and

Cures. Unpublished Manuscript, 2009.

[132] Koop, G., and Korobilis, D. Large Time - varying Parameter VARs [J]. *Journal of Econometrics*, 2013, 177 (2): 185 - 198.

[133] Koop, G., and Korobilis, D. Model Uncertainty in Panel Vector Autoregressive Models [J]. *European Economic Review*, 2016, 81: 115 - 131.

[134] Kung, H., and Schmid, L. Innovation, Growth, and Asset Prices [J]. *Journal of Finance*, 2015, 70 (3): 1001 - 1037.

[135] Kunieda, T., and Shibata, A. Asset Bubbles, Economic Growth, and a Self - fulfilling Financial Crisis [J]. *Journal of Monetary Economics*, 2016, 82: 70 - 84.

[136] Laeven, L., and Levine, R. Bank Governance, Regulation and Risk Taking [J]. *Journal of Financial Economics*, 2009, 93 (2): 259 - 275.

[137] Lansing, K. J. Speculative Bubbles and Overreaction to Technological Innovation. *FRBSF Economic Letter*, 2008 - 18 (June 20).

[138] La Porta, R., Lopez - de - Silanes, F., Shleifer, A., and Vishny, R. Legal Determinants of External Finance [J]. *Journal of Finance*, 1997, 52: 1131 - 1150.

[139] La Porta, R., Lopez - de - Silanes, F., Shleifer, A, and Vishny, R. Law and Finance [J]. *Journal of Political Economy*, 1998, 106: 1113 - 1155.

[140] Leamer, E., and Leonard, H. Reporting the Fragility of Regression Estimates [J]. *Review of Economics and Statistics*, 1983, 82: 942 - 963.

[141] LeRoy, S. F. Rational Exuberance [J]. *Journal of Economic Literature*, 2004, 42: 783 - 804.

[142] Levine, R. Finance and Growth: Theory and Evidence. In: Aghion, P., and Durlauf, S. (Eds.), Handbook of Economic Growth.

Elsevier Science, Netherlands. 2005.

[143] Lin, P. C., and Huang, H. C. Banking Industry Volatility and Growth [J]. *Journal of Macroeconomics*, 2012, 34 (4): 1007 - 1019.

[144] Lowe, P. W., and Borio, C. E. V. Asset Prices, Financial and Monetary Stability: Exploring the Nexus. BIS Working Papers, 2002.

[145] Luik, M. A., and Wesselbaum, D. Bubbles over the U. S. Business Cycle: a Macroeconometric Approach [J]. *Journal of Macroeconomics*, 2014, 40 (4): 27 - 41.

[146] Martin, A., and Ventura, J. Economic Growth with Bubbles [J]. *American Economic Review*, 2012, 102 (6): 3033 - 3058.

[147] Martin, A., and Ventura, J. The International Transmission of Credit Bubbles: Theory and Policy [J]. *Journal of Monetary Economics*, 2015, 125 (7): 3267 - 3272.

[148] Martinez - Miera, D., and Suarez, J. Banks' Endogenous Systemic Risk - taking [R]. 2014.

[149] Miao, J. Introduction to Economic Theory of Bubbles [J]. *Journal of Mathematical Economics*, 2014, 53: 130 - 136.

[150] Miao, J., and Wang, P. Bubbles and Credit Constraints [R]. Social Science Electronic Publishing, 2011.

[151] Miao, J., and Wang, P. Bubbles and Total Factor Productivity [J]. *American Economic Review: Papers and Proceeding*, 2012, 102 (3): 82 - 87.

[152] Miao, J., and Wang, P. Sectoral Bubbles, Misallocation, and Endogenous Growth [J]. *Journal of Mathematical Economics*, 2014, 53 (8): 153 - 163.

[153] Miao, J., Wang, P., and Xu, Z. A Bayesian Dynamic Sto-

chastic General Equilibrium Model of Stock Market Bubbles and Business Cycles [J]. *Quantitative Economics*, 2015, 6 (3): 599 - 635.

[154] Miller, E. Risk, Uncertainty, and Divergence of Opinion [J]. *Journal of Finance*, 1977, 32: 1151 - 1168.

[155] Mishkin, F. S. International Capital Movements, Financial Volatility and Financial Instability [R]. NBER Working Paper, 1998.

[156] Moral - Benito, E. Model Averaging in Economics: an Overview [J]. *Journal of Economic Surveys*, 2015, 29: 46 - 75.

[157] Narayan, P. K., Mishra, S., Sharma, S., and Liu, R. Determinants of Stock Price Bubbles [J]. *Economic Modelling*, 2013, 35, 661 - 667.

[158] Olivier, J. Growth - Enhancing Bubbles [J]. *International Economic Review*, 2000, 41 (1): 133 - 51.

[159] Òscar, J., Moritz, S., and Taylor, A. M. When Credit Bites Back? [J]. *Journal of Money, Credit and Banking*, 2013, 45: 3 - 28.

[160] Parkinson, M. The Extreme Value Method for Estimating the Variance of the Rate of Return [J]. *Journal of Business*, 1980, 53: 61 - 65.

[161] Pesaran, M. H. General Diagnostic Tests for Cross Section Dependence in Panels [R]. 2004, Cambridge Working Papers in Economics No. 0435.

[162] Pesaran, M. H. A Simple Panel Unit Root Test in the Presence of Cross Section Dependence [J]. *Journal of Applied Econometrics*, 2007, 22 (2): 265 - 312.

[163] Phillips, P. C. B., Shi, S., and Yu, J. Testing for Multiple Bubbles: Historical Episodes of Exuberance and Collapse in the S&P 500 [J]. *International Economic Review*, 2015, 56: 1043 - 1078.

[164] Phillips, P. C. B., Wu, Y., and Yu, J. Explosive Behavior in the 1990s NASDAQ: When did Exuberance Escalate Asset Values? [J]. *International Economic Review*, 2011, 52 (1): 201 –226.

[165] Primiceri, G. E. Time Varying Structural Vector Autoregressions and Monetary Policy [J]. *Review of Economics Studies*, 2005: (3): 821 –852.

[166] Raftery, A. E. Bayes Model Selection in Social Research [J]. *Sociological Methodology*, 1995, 25: 111 –163.

[167] Raftery, A. E., Kárny, M., and Ettler, P. Online Prediction under Model Uncertainty via Dynamic Model Averaging: Application to a Cold Rolling Mill [J]. *Technometrics*, 2010, 52 (1): 52 –66.

[168] Rajan, R. G., and Zingales, L. Financial Dependence and Growth [J]. *American Economic Review*, 1998, 88: 559 –586.

[169] Repullo, R., and Suarez, J. Loan Pricing under Basel Capital Requirements [J]. *Journal of Financial Intermediation*, 2004, 13 (4): 496 –521.

[170] Risk Metrics. Technical Document (Fourth ed). Available at http: //www. riskmetrics. com/system/files/private/td4e. pdf. 1996.

[171] Rogers, L. C. G., and Satchell, S. E. Estimating Variance from High, Low and Closing Prices [J]. *Annals of Applied Probability*, 1991, 1: 504 –512.

[172] Rosser, J. B. From Catastrophe to Chaos: a General Theory of Economic Discontinuities. Kluwer Academic, 2nd ed., 2000.

[173] Rotermann, B., and Wilfling, B. Periodically Collapsing Evans Bubbles and Stock –price Volatility [J]. *Economics Letters*, 2014, 123 (3): 383 –386.

[174] Saint – Paul, G. Fiscal Policy in an Endogenous Growth Model

[J]. *Quarterly Journal of Economics*, 1992, 107 (4): 1243 – 1259.

[175] Samuelson, P. A. An Exact Consumption Loan Model of Interest with or without the Contrivance of Money [J]. *Journal of Political Economy*, 1958, 66 (1): 32 – 35.

[176] Scheinkman, A. Speculation, Trading, and Bubbles (Kenneth J. Arrow Lecture). Columbia University Press: New York. 2014.

[177] Scheinkman, J. A., and Xiong, W. Overconfidence, Short – Sale Constraints, and Bubbles [R]. Princeton Economic Theory Working Papers, 2002, 111: 1183 – 1219.

[178] Scheinkman, J. A., and Xiong, W. Overconfidence and Speculative Bubbles [J]. *Journal of Political Economy*, 2003, 111: 1183 – 1219.

[179] Schmitt – Grohe, S., and Uribe, M. What's New in Business Cycles? [J]. *Econometrica*, 2012, 80: 2733 – 2764.

[180] Schularick, M., and Taylor, A. M. Credit Booms Gone Bust: Monetary Policy, Leverage Cycles, and Financial Crises, 1870 – 2008 [J]. *American Economic Review*, 2012, 102: 1029 – 1061.

[181] Shiller, R. J. Do Stock Prices Move too much to be justified by Subsequent Changes in Dividends? [J]. *American Economic Review*, 1981, 71: 421 – 36.

[182] Svensson, L. E. O. Inflation Targeting and Leaning against the Wind [J]. *International Journal of Central Banking*, 2014, 10: 103 – 114.

[183] Shiller, R. J. Irrational Exuberance. Princeton, NJ: Princeton University Press. 2000.

[184] Shiller, R. J. Bubbles, Human Judgment, and Expert Opinion [J]. *Financial Analysts Journal*, 2002, 58 (3): 18 – 26.

[185] Smets, F., and Wouters, R. An Estimated Dynamic Stochastic

General Equilibrium Model of the Euro Area [J]. *Journal of the European Economic Association*, 2003, 1 (5): 1123 - 1175.

[186] Smets, F., and Wouters, R. Shocks and Frictions in US Business Cycles: a Bayesian DSGE Approach [J]. *American Economic Review*, 2007, 97: 586 - 606.

[187] Taylor, J. Monetary Policy, Economic Policy and the Financial Crisis: an Empirical Analysis of What Went Wrong [M]. What Caused the Financial Crisis, 2011, 150 - 171, University of Pennsylvania Press: Philadelphia.

[188] Takao, K. Asset Bubbles and Economic Growth under Endogenous Market Structure [J]. *Macroeconomic Dynamics*, 2017: 1 - 22.

[189] Tirole, J. Asset Bubbles and Overlapping Generations [J]. *Econometrica*, 1985, 53: 1499 - 1528.

[190] Tong, T. W., He, W., and He, Z. L. Patent Regime Shift and Firm Innovation: Evidence from the Second Amendment to China's Patent Law [J]. *Academy of Management Annual Meeting Proceedings*, 2014, 1: 14174.

[191] Topol, R. Bubbles and Volatility of Stock Prices: Effect of Mimetic Contagion [J]. *Economic Journal*, 1991, 101: 786 - 800.

[192] Ventura, J. Bubbles and Capital Flows [J]. *Journal of Economic Theory*, 2012. 147 (2): 738 - 758.

[193] Weil, P. Confidence and the Real Value of Money in an Overlapping Generations Economy [J]. *Quarterly Journal of Economics*, 1987, 102 (1): 1 - 22.

[194] West, K. A Specification Test for Speculative Bubbles [J]. *Quarterly Journal of Economics*, 1987, 102: 553 - 580.

[195] Xiong, W. Bubbles, Crises, and Heterogeneous Beliefs [R]. NBER Working Paper, No. 18905, 2013.